JN078687

金融商品取引法

梅本剛正［著］

ベーシック＋プラス
Basic Plus

中央経済社

はじめに

▶**本書のねらい**

　本書は金融商品取引法（以下「金商法」と略称します）の入門書です。こ
れまでは，金商法といえば，法学部の学生が会社法の延長で学ぶものという
イメージが一般的でした。しかし，これからは法律を学んだことのない人で
も，金商法の基礎的な勉強が必要になるのではないでしょうか。そのため，
本書は金商法の基礎的な勉強を希望する法学部生のほか，一般の方も読者と
して想定しています。

　政府は長年「貯蓄から投資へ」というキャッチフレーズを用いて国民の資
産形成を後押ししてきましたが，いまだに家計の余剰資金の半分近くが預貯
金に滞留しています。しかし，最近「資産運用立国」という新たな看板の下
で，従来の NISA を新 NISA に衣替えして使い勝手を良くしたり，金融教育
の司令塔である金融経済教育推進機構を創設したりするなど，本腰を入れて
対応しようとしているようです。もしかしたら，今回は一定の成果が得られ
るかもしれません。

　これからは，多くの人々が証券市場で資産運用を試みることが予想されま
す。金商法についても金融リテラシー教育の一環として，新たに捉え直さな
くてはならないところがあると感じております。残念なことに金商法のテキ
スト類は法学部・法科大学院の学生あるいは法律家を念頭に置いたものが多
く，一般の人にはかなり難解です。マーケットの仕組みなど関連知識の複雑
さと相まって，このままでは金商法は敷居の高い学問のように思われて，勉
強を回避されてしまう恐れがあります。

　私も長年，金商法の研究・教育に携わってきましたが，金商法を理解する
ことはたしかに簡単ではありません。ただし，それはすべてを完璧に理解し
ようとすれば，多大な時間と努力が必要になるというだけではないかとも思

うのです。

　完璧な理解を目標にするのではなく，「ある程度まで」理解することを目標にするのであれば，金商法の勉強はそれほど難しくないと感じています。金融リテラシー教育で必要となるのは「ある程度」のレベルで十分でしょう。要は必要不可欠な部分と，さしあたり素通りして問題ないものとを見極めて，前者を中心に学習内容を絞り込むことではないでしょうか。金商法を手っ取り早く勉強するポイントの1つは，有価証券の中で株式を中心に勉強することだと考えておりますが，本書でもそれを前提に説明しています。

▶本書の構成

　前著『金商法入門』と異なる点を中心に，本書の構成の特徴について説明します。第1に本書では「不公正取引規制」を前に出して第4章としました。読者の中には手短に金商法を勉強したいという方もいらっしゃるでしょう。そういう方にとっては，「第1章　金融商品取引法入門の入門」「第2章　企業内容開示規制」「第3章　企業買収の規制」そして「第4章　不公正取引規制」までを勉強すれば，一応は足りると考えたからです。授業などで使う場合には，最後まで勉強してもらうのがよいと思います。

　第2に，「第7章　資産運用業などの規制」を新設しました。これは前述した金融リテラシー教育の中で金商法を捉えた場合には，追加しておくべき内容だと考えたためです。多くの人が投資対象とする投資信託などについては，その基本的な仕組みについて理解しておいた方がよいので，簡潔ですが説明を加えました。

　第3に，シリーズものとしての体裁を合わせるために，Discussion 等を各章の最後に入れています。Discussion 等の中にはやや難しい問題もありますが，日ごろのニュースや関連文献などを参考にしながら考えてみてください。

　コラムを多く入れているのは前著と同じです。基本的事項とは離れるものの時事的な問題や，少し専門的であるものの重要な論点について扱っていますので，読者の皆さんの関心に応じて適宜お読み頂ければ幸いです。

本書は 2023（令和 5 ）年金商法等の改正までを反映しています。「第 3 章 企業買収の規制」で扱う公開買付けと大量保有報告制度については，近々比較的大きな改正が行われようとしていますが，改正後に何らかの形でフォローできればと考えています。

▶謝辞

本書は，前著『金商法入門』の内容をアップデートするとともに，ベーシックプラスシリーズの趣旨や形式に沿うように加筆修正したものです。前著『金商法入門』の進化版ですので，前著の編集でお世話になった木村寿香さんに，改めてお礼を申し上げます。

また，木村さんの後に本書を担当して頂きました中央経済社の露本敦さんには，ベーシックプラスシリーズに入れることも勧めて頂き，シリーズの構成に合わせる面倒な作業をして頂くなど，とてもお世話になりました。この場を借りてお礼申し上げます。

2024（令和 6 ）年 2 月 1 日

梅本　剛正

◎凡　例◎

金商法　金融商品取引法

施行令　金融商品取引法施行令

金販法　金融商品の販売等に関する法律

金融サービス提供法　金融サービスの提供に関する法律

証取法　平成18年改正前証券取引法

投信法　投資信託及び投資法人に関する法律

開示ガイドライン　企業内容等の開示に関する留意事項について

開示府令　企業内容等の開示に関する内閣府令

金商業府令　金融商品取引業等に関する内閣府令

大量保有府令　株券等の大量保有の状況の開示に関する内閣府令

他社株府令　発行者以外の者による株券等の公開買付けの開示に関する内閣府令

取引規制府令　有価証券の取引等の規制に関する内閣府令

取引所府令　金融商品取引所等に関する内閣府令

東証業務規程　東京証券取引所「業務規程」

東証受託　東京証券取引所「受託契約準則」

上場規程　東京証券取引所「有価証券上場規程」

上場規則　東京証券取引所「有価証券上場規程施行規則」

日証協・投資勧誘規則　日本証券業協会「協会員の投資勧誘,顧客管理等に関する規則」

第 1 章

金融商品取引法入門 の入門

Learning Points

▶証券市場の主たるプレーヤーには，発行会社・投資者・証券会社・証券取引所などがあり，市場の規制当局として国があります。

▶金商法を学ぶに当たっては，これら主要プレーヤーの役割や機能，規制上の位置付けなどをざっと見ておくと，あとあとの勉強に有益です。また，株式の購入はパンやノートを買うのとはかなり勝手が異なり，その辺りの流れも頭に入れておいた方がよさそうなので，あわせて学ぶことにします。

Key Words

証券市場のプレーヤー　売買の仕組み　金商法の目的

1 証券市場のプレーヤー

1.1 本書で扱う内容と扱わない内容

　最初に本書で扱う内容と扱わない内容を明確にしておきます。本書では原則として株式に限って説明を加えます。金融商品取引法（以下「金商法」と略称）の規制対象となるのは有価証券とデリバティブ取引であり，それらが実務上重要であることは疑いありません。しかし，初学者がいきなり規制対象となるすべての金融商品等について説明を受けても，全体として消化不良で終わってしまいます。学習対象を株式に限定して勉強しても，金商法の骨格は十分に理解することができます。

　前著『金商法入門』では資産運用に関わる規制については，金商法の基本的な理解には不要と考えて割愛していました。しかし，近年重要性を増してきた金融リテラシー教育という見地からは，投資信託などの金融商品は将来

的に多くの投資者が投資対象とすることが予想され，これらの仕組み等についても正しく理解されるべきであると考えを改めました。そこで，第7章として資産運用に関する規制を追加し，ここで扱うことにしました。

　以下，本文中の（　）内の表示で，（2条5項）などとあるのは，金商法の条項番号です。

1.2　証券市場の登場人物

　複雑で入り組んだ話や長い物語を読む場合，最初に登場人物の紹介があると流れを追いやすいものです。金商法の規制について学ぶ場合も，いかなる登場人物が主として出てくるのかを頭に入れておくと，学習効果が高くなります。ただし，上述した本書の学習対象との関係で，ここで説明するプレーヤーは，金商法の規制対象を網羅しているわけではありません。また，第7章で扱う投資信託や投資法人については，別途プレーヤー等の説明を追加しますのでそちらを参照して下さい。

　法律がしばしばそうであるように，金商法においても法律上の用語が日常用語と乖離しているものが少なくありませんが，本書ではなるべく日常用語に近づけて説明したいと考えています（やむをえず法律上の用語や名称を使うこともあります）。

1.2.1　株式会社

(1)発行会社

　株式を発行する会社は，金商法上「発行者」に該当し，金商法における情報開示規制の中心である，企業内容開示を行う主体です（発行者の定義として，2条5項）。金商法の規制対象となる株式会社は上場会社に限定されるわけではありません。法律上使われている名称としては，企業内容開示では「（有価証券の）発行者」，自社株の公開買付けでは「（上場株券等の）発行者」（27条の22の2），インサイダー取引規制では「上場会社等」などとなっていますが，本書では原則として発行会社と称します。な

お，公開買付けの対象となる株式会社は法律上「対象者」と称されています
が（27条の10第1項），一般に対象会社と呼ばれているので本書でもその
呼称に従います。

(2)株 式

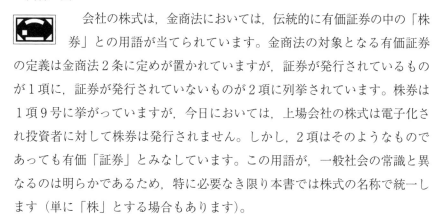
会社の株式は，金商法においては，伝統的に有価証券の中の「株券」との用語が当てられています。金商法の対象となる有価証券の定義は金商法2条に定めが置かれていますが，証券が発行されているものが1項に，証券が発行されていないものが2項に列挙されています。株券は1項9号に挙がっていますが，今日においては，上場会社の株式は電子化され投資者に対して株券は発行されません。しかし，2項はそのようなものであっても有価「証券」とみなしています。この用語が，一般社会の常識と異なるのは明らかであるため，特に必要なき限り本書では株式の名称で統一します（単に「株」とする場合もあります）。

株式と関連する用語として**銘柄**というものがありますが，これは商品や有価証券など売買対象となる品目の名称を指します。株式の上場銘柄とは取引所で売買対象とされている株式を指しますが，同一の発行会社が普通株式と優先株式のように複数の種類の株式を上場している場合，発行会社は同じでも売買対象としての株式の銘柄は別のものになります。

1.2.2 投資者

(1)投資者

一般的には投資家という言葉が使われていますが，金商法では原則として「投資者」という言葉が使われます。投資者の中には，専門的知識を持ち合わせたプロとそうでないアマチュアがいることには，注意する必要があります。本書では，プロ投資家と区別する必要などから，日常用語からは離れますが，アマの投資家は「投資者」または「一般投資家」という名称を用います。なお，投資者は証券会社との関係においては「顧客」という名称が用いられますが，本書でも第5章・第6章ではその用語法に従います。

⑵ プロ投資家

投資家という場合，専門家のようなイメージがあります。実際に法律上定義される2類型のプロの投資家に対しては「適格機関投資家」「特定投資家」という言葉が当てられています。本書では原則としてこれらをプロ投資家と称することにします。

1.2.3 証券会社

金商法では，証券会社のことを「金融商品取引業者」と称します。正確にいうなら一般の証券会社は金商法上，「第一種金融商品取引業者」といいます。金商法上はそれ以外に「第二種金融商品取引業者」がありますが，これは信託受益権の売買やファンドの自己募集などを行うものであり本書では扱いません。「投資助言・代理業者」や「投資運用業者」などについては，既に述べたとおり第7章で扱います。第5章で説明するように，銀行業や保険業と並んで，証券業も国の監督を受けます。本書では，特に断りなき限り，一般用語に従い，証券会社という名称を使います。

1.2.4 証券取引所

証券取引所は金商法上，「金融商品取引所」と称されます。本書では，主として一般用語の証券取引所（あるいは，単に取引所）との名称を使います。法律上，証券取引所が重要であるのは，株式などの売買が行われる中心的な市場であるのはもちろんですが，それ以上に，自主規制機関（⇒第6章第3節）であるという点が重要です。会社の上場や上場廃止は関係者に大きな影響を与えますが，これらは原則的に法律の定めによるのではなく，取引所の自主規制の規定に基づき取引所が決定するものです。上場と類似のものとして「店頭登録」がありますが，現在は事実上，店頭登録銘柄は存在していないので本書では触れないことにします。

1.2.5 規制当局（国）

　金商法の規制当局として国があります。法律上は，「内閣総理大臣」とされていますが，その権限の多くは，194条の7において金融庁に委任されており，財務書類等の提出などは財務省の財務局に，再委任されています。また，不公正取引については，金融庁から証券取引等監視委員会に委任されています。本書では，多くの場合，単に「国」と称することにします。

2 売買の仕組み

2.1 「市場」という言葉

　金商法を学ぶと，市場という言葉が多く使われています。これは日用品などを販売するイチバではなくシジョウと読み，モノや権利の売買を行う場を指します。株式の売買は通常は証券取引所で行われるので，証券取引所＝証券市場と理解しても大きな間違いではありませんが，市場とは物理的施設を指すわけではなく，株式の取引が行われる「場」を広く含むことに注意する必要があります。市場取引は，原則的に取引相手が分からない匿名取引ですが，当事者間で取引相手が分かっているものを**相対取引**といいます。

　なお市場（証券市場）には発行市場と流通市場がありますが，詳しくは第2章で説明します。

2.2 株式の売買と投資判断

2.2.1 証券会社で口座開設

　株式の売買ができるのは，証券会社です。トヨタ自動車の株式を買いたく

ても，トヨタ自動車の販売店では売ってくれませんし，一般の人が東京証券取引所に行っても，取引はできません。株式の売買をするためには，証券会社で口座を開設しなくてはいけません。2009（平成21）年以後，上場会社の株式は，すべてが電子化されて，証券保管振替機構が保管することになりました。かつてのように株券を引き出して保有することはできず，必ず証券会社の口座を通じて権利を保有することになっているので，口座を開かないと売買ができないわけです。

2.2.2 どの会社の株を買うのか

　株式の購入準備が整ったら，次に投資対象とする株式を選ぶ必要があります。株式投資において投資者は将来確実に値上がりをする株式を知ることができれば大きな成果を得ることができます。しかし，神ならぬ身であれば，将来のことを確実に知ることはできません。投資者が手掛かりにすることができるのは，それぞれの会社の過去と現在の情報であり，それをベースにして将来を予想するほかありません。各会社の財務内容を知るには，第2章で学ぶ「有価証券報告書」やそれを加工した情報を各社で比較検討することになります。割安な株式を買って高値で売ることができればしめたものですが，割安に放置されている会社はそれなりの理由があるので割安であり，値上がりが期待できる株は既に十分に評価されて高値を付けている，つまり市場の専門家が目を皿のようにして上場銘柄を分析し売買しているので，市場価格は情報を既に織り込み済みだという考え方があります（これを**効率的資本市場仮説**といいます）。ただ，実際の市場は一般投資家の研究が無駄になるほど効率的ではないのもたしかです。

　また，情報は日々新たに発生し更新されるので，それらを常にチェックしなくてはいけません。金商法には重要事実が生じた場合に遅滞なく報告を求める臨時報告書という制度がありますが，実際には新発明や製品の欠陥情報などは新聞のスクープや自主規制上の適時開示制度を通じて情報を得ることが一般的です。

2.2.3 最低売買単位——何株から買えるのか

　特定銘柄の購入を決定したら，何株買うかを決めることになります。新聞の株価欄などで個々の会社の株価を目にしますが，必ずしもその価格さえ出せば株式を取得できるわけではありません。株式を売買するに当たっては，売買単位というものが定められているからです。売買単位は，かつては様々でしたが，2018（平成30）年10月に，日本の上場会社株式の売買単位は100株に統一されました。株価が1000円で最低売買単位100株を買い付けるなら，10万円が必要となります。

2.2.4 発注価格——幾らで買うのか

(1)指値注文と成行注文

　株式の売買における注文の出し方には，大まかな区別として**指値注文**と**成行注文**の2通りがあります。指値注文とは売買価格を指定する注文です。たとえば1000円以下で買う（反対に売り注文なら1000円以上で売る）という注文です。成行注文とは，価格は指定せず100株買うという注文です。

(2)新聞の株価欄の四本値

　新聞の株価欄には，その日の取引の値のうち，最初についた値である「始値」，その日の最も高い値である「高値」，その日の最も安い値である「安値」，その日の最後の値である「終値」が記載されています（これを「**四本値**」といいます）。成行注文では，指値注文よりも優先的に売買が執行されるので，取引が成立する可能性が高くなりますが，逆に予想外の価格で売買することにもなりかねません。ただし，日本の証券市場ではその日の株価の上限・下限が設定されているので，その範囲内で変動することになります（これを値幅制限といいます）。

(3)板情報

　どの値段にどれだけの売買注文が入っているのかをリアルタイムで示すのが**板情報**といわれるものです。ここでいう気配値とは売り方と買い方がそれぞれ売買を希望する値段のことを意味します。以下の図表では，976円以

売り注文	気配値	買い注文
800	979	
6800	978	
4600	977	
1000	976	
	975	5000
	974	2500
	973	6800
	972	8900

上の売り注文と975円以下の買い注文が各値段に入っていることが分かります。注文数により，売り注文が優勢か，買い注文が優勢かを判断して指値注文の価格を決定したりしますが，誤解を招く注文を出す見せ玉といわれる不公正取引もあります（「見せ玉」については「第4章　不公正取引規制」参照）。

2.2.5 どこに注文を出すか

最後に決定すべき事柄は，執行市場の選択をどうするか，つまり注文をどの市場に出すのかです。現実には，日本の上場株式はほぼすべてが東京証券取引所の上場銘柄であるため，特段悩む必要はありませんが，複数の市場に上場していたり，取引所以外で売買が行われていたりすれば，どこに注文を出すかは問題となります。上場とはどういうことか，また取引所以外で株式が取引される「場」にはどのようなものがあるのかについては，「第6章　証券取引所」で説明することにします。

いずれにしても，投資者が特定の市場を指示すれば，証券会社はその市場に顧客の注文を出すことになります。その市場で買い注文と売り注文の株数・価格が**約定**（株式取引などの契約が成立すること）すれば，あとは決済ということになります。

2.2.6 決　済

投資者の売買が完結するには，約定した後，「照合」「清算」「決済」という手続きが必要となります。**日本証券クリアリング機構**が清算し，**証券保管**

振替機構と日本銀行が決済を行います。原則として約定日から2営業日後に受渡しと決済が行われます。

3 金商法の目的など

3.1 金商法の目的

3.1.1 金商法1条

　そもそも金商法はいかなる目的を実現しようとしているのでしょうか。金商法の目的を定める1条は，次のとおり定めています。

　「この法律は，企業内容等の開示の制度を整備するとともに，金融商品取引業を行う者に関し必要な事項を定め，金融商品取引所の適切な運営を確保すること等により，有価証券の発行及び金融商品等の取引等を公正にし，有価証券の流通を円滑にするほか，資本市場の機能の十全な発揮による金融商品等の公正な価格形成等を図り，もつて国民経済の健全な発展及び投資者の保護に資することを目的とする」

　金商法1条の目的規定を読み込んだところで，金商法の理解が深まるわけではありません。しかし，勉強を始めるに当たり，最初に理解しておくとよいポイントが含まれているのもたしかなので，簡潔に説明しておきます。

3.1.2 市場の公正さ・市場の効率・投資者の利益

　1条は最終的な目的を「国民経済の健全な発展及び投資者の保護」に置いています。発行会社の企業内容の開示や証券会社・証券取引所などの市場関係者の規制を通じて，発行市場の公正を図るとともに，不公正取引規制などを通じて流通市場の公正を確保することで，それを実現しようとするものと考えられます。市場を公正なものとすることで，投資者が保護されるという理屈は理解が容易です。

これに対して，国民経済の健全な発展が市場の公正さ確保とどう関わるのかは説明を要します。金商法の目的が実現されていない社会を考えてみましょう。発行会社が粉飾決算などを行った上で新株発行をしたり，相場操縦などで市場の価格形成が歪んだりするような経済社会を想起すると分かるように，そのような不公正が蔓延る市場で自分の資産を運用しようと考える投資者はいません。市場に資金が流れてこなければ，会社が市場で資金調達することもできなくなります。誠実に情報を公開する会社であっても，不誠実な会社と区別がつかなければ，公正な市場であれば得ることのできたはずの十分な資金を調達することが不可能となります。会社がリスク資金を得る市場がなければ，国の経済の発展も難しくなります。経済の健全な発展と市場の公正さ確保の関係は以上のように理解すればよいでしょう。

　ここで投資者保護との関係で2点，注意すべきことについてコメントしておきます。1つは金商法における不公正取引の代表でもあるインサイダー取引では，投資者は直接的に被害を受けるわけではないということに関わるものです。たしかに，一般投資者はインサイダー取引により損害を被らないかもしれませんが，不公正な取引が野放しになっているなら，他の一般の投資者はそのような不公正な市場で取引をしたいとは考えない可能性があります。つまり市場に対する信頼を確保することも同時に必要だということです。もう1つは，投資者の利益とは別に公正さを追求しなくてはならない場合があることも認識しておく必要があります。つまり，投資者の中には投機的な利益を求める人もいます。一般の投資者としても，自己の保有する株式の株価が公正に形成されて下落するくらいなら，不公正でも騰貴した方がよいと考えるかもしれません。それにもかかわらず，市場の公正さを確保しておかないと，市場参加者一般の信頼が害されてしまい，企業の資金調達が難しくなってしまいます。個々の投資者が好むと好まざるとにかかわらず，市場の価格形成の公正さが求められるゆえんです。

インサイダー天国に投資資金が流れる不思議

　ジョナサン・メイシー教授は，1991年の著書（Insider Trading）で，日本がインサイダー取引天国（insider's paradise）であるにもかかわらず（現行金商法166条以下の規定を定める前の話），世界で2番目に大きな資本市場を有していることから，このことはインサイダー取引規制の規制趣旨と整合性が取れないと興味深い指摘をしています。不公正な市場には投資資金が入らないので，厳しく規制しなくてはならない，という本文の説明とも矛盾しますが，これについては，次のように考えてはどうでしょう。すなわち，不公正さを補って余りあるくらい，当該市場が拡大局面にあれば，その市場への投資資金の流入は見込むことができる，ということです。たとえば中国の証券市場において先進国並みの公正さが確保されていないことは，衆目の一致するところでしょうが，中国株式に投資しようという投資家は世界中に少なからず存在します。それは，中国の経済そのものに対する信頼感があるからといえるでしょう。逆にいうと，わが国のように安定成長期に入った国の証券市場では，市場の公正さを確保しておかないと，投資資金は離れていくということができます。

図表1−2 ▶▶▶不公正な市場からの投資資金の逃避

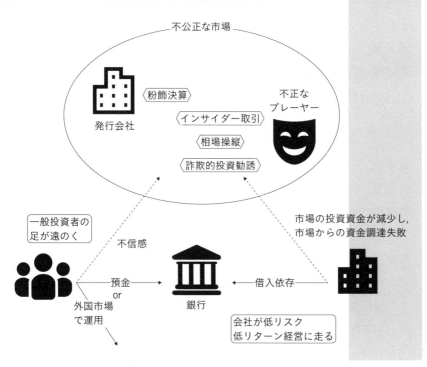

3.2 金商法と関連法令

3.2.1 金融商品取引法

　本書で扱う主たる法律は，金融商品取引法です。金商法は，小さな六法では，抄録つまり部分的にしか条文が掲載されていないので，すべての条文を確認するには，大きな六法を使うか，インターネットの条文サイトなどからプリントアウトする必要があります。また金商法の条文は，会社法などに比べると技術的要素が多く読みにくいのが難点ではあります。

3.2.2 政省令

　法律では技術的な細部が政省令に委任されていることが多くあります。金商法において，政令の主たるものは金商法施行令です。また，金商法は内閣府の外局である金融庁の所管であるため，省令ではなく内閣府令となります。

　本書で多く引用する内閣府令は，

第2章　「企業内容等の開示に関する内閣府令（開示府令）」

第3章　「発行者以外の者による株券等の公開買付けの開示に関する内閣府令（他社株府令）　　　　　　　　　　　　　　　　」

　　　　　「株券等の大量保有の状況の開示に関する内閣府令（大量保有府令）」

第4章　「金融商品取引所等に関する内閣府令（取引所府令）」

第5章　「金融商品取引業等に関する内閣府令（金商業府令）」

第6章　「有価証券の取引等の規制に関する内閣府令（取引規制府令）」

　以上です。

　各府令の末尾には申請書，届出書等の様式（「第〇号様式」と称します）が置かれ，各記載事項について（記載上の注意）が詳細に記されています。多くの届出書類が定められている開示府令においては，各種様式が（新日本法規が毎年度刊行する『証券六法』で）200頁を超えて記載されています。

3.2.3 その他

さらに，「監督指針」「ガイドライン」「Q & A」などの形で金融庁が金商法の行政解釈などを示していることがあり，これらも重要な位置を占めています。法律の解釈を決めるのは裁判所であることはいうまでもありませんが，監督権限や課徴金納付命令決定との関係で，行政庁の第一次判断を知ることができますし，訴訟などにおいて裁判所が行政解釈を参照することもありうるからです。たとえば，要件の明確化が求められることの多いインサイダー取引規制などでは「インサイダー取引規制に関する Q&A」が実務上重視されるし，「金融商品取引業者等向けの総合的な監督指針」は，証券会社の役職員には法令と同じ程度に重要です。

3.2.4 自主規制

証券市場においては，国など公的機関以外の組織が関係者を規律するために定めたルールが，事実上重要な役割を果たしています。このようなルールを**自主規制**といい，自主規制を作成ないし執行する機関を**自主規制機関**といいます。証券市場の主たる自主規制機関として，証券取引所と日本証券業協会があります。

証券取引所の作成する自主規制，たとえば，「有価証券上場規程」は会社の上場や上場廃止などに関わり，発行会社，投資者，証券会社すべての関係者に対して大きな影響力があります。詳しくは「第6章　証券取引所」で説明します。

証券会社の販売勧誘などの行為の規制については，日本証券業協会の作成する自主規制は法令と同じくらい実務上の重要性を有します。

3.2.5 金融サービス提供法

金融サービスの提供及び利用環境の整備等に関する法律（**金融サービス提供法**）は証券会社が株式などの金融商品を顧客に販売した際に，重要な事項を説明しないなど不正な販売・勧誘行為を行った場合に，損害額の推定規

定を設けるなどして顧客が民事上の責任を追及できるようにしたものです。
「第5章　証券会社」で扱います。

2023年改正の金融サービス提供法では,「金融経済教育推進機構」を創設するなど,国民の金融リテラシー向上を目的とした規定も新設されました。わが国では,諸外国に比べて国民の金融リテラシー教育が必ずしも十分に行われてこなかったことが課題として指摘されますが,今後は同機構が司令塔となってわが国の金融リテラシー向上の活動が推進されることになります。

| Working | 調べてみよう |

日本人の家計の資産運用は預貯金に偏っていますが,どのような理由があるのか考えてみましょう。

第 **2** 章 企業内容開示規制

Learning Points

▶会社が新株発行などで資金調達するときには情報開示（発行開示）が求められます。食料品でも原材料や添加物を消費者に知らせることが義務付けられているのと似ているので理解はしやすいでしょう。

▶しかし，金商法の開示規制は商品を売った後も継続的に情報開示（継続開示）が求められるのが特徴的です。

▶金商法では，会社の開示する情報を「信頼できる」情報とするための仕組みも整えられています。

Key Words

発行開示と継続開示，財務情報と非財務情報，企業情報，ゲートキーパー

1 企業内容開示の基礎

1.1 なぜ情報開示が必要か

1.1.1 カマボコの原料原産地表示とカマボコ会社株式の情報開示

金商法ではディスクロージャー，つまり情報開示が極めて重要な位置付けを与えられています。なぜ情報開示が重要なのでしょうか。「カマボコ」の消費者と「カマボコ会社」株式の投資者を例にとって，相互に比較しながら，考えてみることにしましょう。

⑴カマボコに求められる情報開示

カマボコなどの加工食品を買うと，パッケージに原料や原産地が表示されています。法律上，一般消費者向けの飲食料品について品質表示基準制度が

設けられているからです。加工食品については，その原材料を重量順に表示することが求められているほか，食品添加物は，それ以外の原材料と分けて記載し，原材料名欄に，アレルギー，遺伝子組換え，原料原産地に関する表示を含まなくてはいけません。これらの情報が開示されることにより，消費者は情報に基づいて加工食品を購入すべきか否かの判断を下すことができます。

⑵カマボコ会社に求められる情報開示

会社が発行する株式を投資者に取得させようとする場合には，より多くの情報が提供されなくてはなりません。カマボコであれば，試食したり色を見たり匂いを嗅いだりして，商品の情報の一端を知ることはできます。しかし，株式はそれ自体実体のない「権利」であり，情報の塊です。会社の価値は，会社の財務内容や事業内容を手掛かりに評価せざるをえません。カマボコ会社の株式の評価には，カマボコの評価以上に，その会社による情報の開示が不可欠となります。

⑶消費者保護と投資者保護の違い

食品と株式の情報開示は，必ずしも同じではないことにも注意しておきましょう。情報を得て価値を判断する点では同じですが，カマボコ会社の株式の価値は，投資者が誰であっても異ならないものの，どのカマボコを美味と

図表 2 − 1 ▶ ▶ ▶投資判断と消費判断の比較

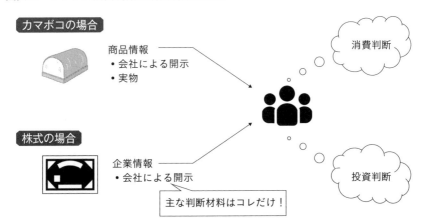

感じるかは，消費者の嗜好に依存し，客観的価値を判断することはできません。また，カマボコは消費してしまえば目的を達するため，販売時の情報開示で足りますが，株式は販売後も投資者は保有し続けるか売却するかの判断が求められるため，継続的な情報開示が発行会社に求められる点も大きく異なります。

1.1.2 実質規制と開示規制

　金商法においては，情報開示が重要な規制手段となっていますが，一般投資者を保護するなら，たとえば発行会社の事業内容や財務内容などを国が審査して，一般投資者の売買に適した株式のみを流通させるという規制方法も理論上は考えられます。つまり，発行会社が情報開示さえすれば株式を発行・流通させてもよい，とするのではなく，発行会社・株式を実質的に審査して規制するという規制方法です。腐ったカマボコの販売・流通が禁じられるように，「腐った会社」の株式についても販売・流通を禁ずるのです。しかし，国が投資対象の適格性を審査できるかという根本的な疑問が残ります。そこで，国の役割を発行会社に対して必要な情報を正確に開示させることにとどめ，あとは，投資者の判断に委ねることとしたのが，情報開示規制です。情報開示規制による投資者保護というのは，投資者が開示される情報に基づいて自ら投資判断する能力を備えていることが前提となっています。ただし，開示規制による場合であっても，「腐った会社」の株式が市場で一般投資者の売買の対象となるとは限りません（⇒第6章第3節の自主規制参照）。証券市場においては，法律と並んで自主規制も重要な役割を果たしているからです。

Column　ブランダイスの名著と情報開示

　わが国の金商法の母法であるアメリカの証券規制が制定されるに当たって，影響を与えた古典的名著であるルイス・ブランダイスの『他人のお金（Other People's Money）』（1914年）は，情報開示の重要性を論じたものとして有名です（ブランダイスは後にアメリカ最高裁の判事となった，日本でも高名な法律家です）。この中でブランダイスは，「連邦純正

食品法は，品質や価格を保証するものではない。同法は原材料の開示を要求することにより，買い手が品質を判断する手助けをするものである」と述べて，食品を例に挙げて金融商品の情報開示の意義を説明しています。カマボコと株式の情報開示を比較検討する本書の説明もあながち的外れとはいえないでしょう。

1.2 投資判断にとって重要な情報とは

　会社の情報開示という場合，どのような情報が開示されるのか，先に概要だけ見ておくことにしましょう。企業内容の開示の中心にあるのは後で説明する「企業情報」といわれるものであり，そこでは会社の事業の状況や経理の状況などの情報が開示されます。これにより，投資者は会社の事業内容や財務内容を知ることができます。企業情報は詳細なものであり，投資判断において重要な情報であることは疑いないですが，あくまでも過去・現在の会社の状況を説明しているに過ぎません。投資者が最も知りたいのは，「この会社の株価は上がるのか？　配当は増えるのか？」ということ，つまり，会社の将来の企業価値，将来の株価です。もちろん経営者でも自社の将来のことを確実に知ることはできません。しかも，競合他社がどのような製品・サービスを出すか，為替の動向や海外の景気動向などによっても，会社の収益は左右されることになります。会社自身の情報のみならず，会社の外部情報も総合的に判断して，はじめて投資判断が可能になるわけです。金商法で開示が求められる「企業情報」は，重要ではあるものの，投資判断はそれだけでできるわけではありません。このことは，十分に注意しなくてはならないことです。

　さらに，情報開示については，必要な情報を過不足なく開示するのが重要であるということもここで強調しておきます。少なすぎる情報開示が投資判断において問題であることは理解が容易でしょう。しかし，開示される情報が多ければよいというわけでもありません。むしろ，会社が必要以上に多くの情報を開示することは，かえって投資者を混乱させ，投資者が投資判断のために本当に必要な重要情報を見落としてしまう危険があります。

図表 2 - 2 ▶ ▶ ▶ 投資判断のための情報

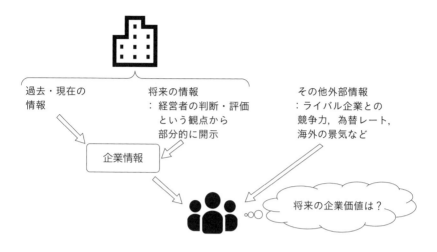

有価証券報告書や有価証券届出書において，金商法は「重要な事項」を記載することを求めています。このことは裏を返すと投資判断に重要ではない情報は開示すべきでないことを意味するともいえるでしょう（刑事・民事の責任などで問題になる「重要な事項」の虚偽記載か否かという論点については，本章末の Column「非財務情報における「重要な事項」の虚偽記載」参照）。

1.3 発行市場・発行開示と流通市場・継続開示

金商法の情報開示では，発行市場における発行開示と流通市場における継続開示が区別されます。第2節以下で詳述しますが，**発行市場**とは，会社が株式を発行して投資者から資金を調達する場と理解しておけばよいでしょう。発行市場で求められる情報開示を「発行開示」といいます。ここで情報開示をする発行会社と投資者は，カマボコ会社と消費者の関係に類似しています。

流通市場は発行市場等で発行された株式が流通する場を意味します。ここで求められる情報開示を「継続開示」といいます。売買の当事者は投資者どうしであり，情報開示が求められる発行会社は基本的に株式の売買当事者で

図表 2 - 3 ▶ ▶ ▶ 「発行市場」と「流通市場」

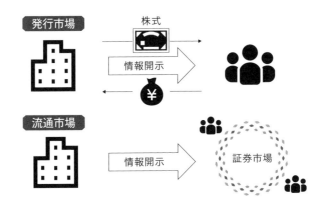

はありません。

1.4　情報開示の態様

1.4.1　公衆縦覧型開示（間接開示）と相対型開示（直接開示）

　金商法は情報開示が規制の中心であるといわれますが，条文上は発行会社に対して情報を開示せよとは書かれていません。情報を記載した書類を提出せよ（5条「有価証券届出書の提出」など），あるいは，情報を記載した書面を投資者に交付せよ（15条2項「目論見書の交付」），という2つのパターンで情報開示義務が定められています。前者の開示パターンである有価証券届出書や有価証券報告書では，発行会社から書類の提出を受けた国は当該書類を公衆縦覧に供します（25条）。このような形の情報開示は**公衆縦覧型開示（間接開示）**と呼ばれます。情報の閲覧方法は，原則として，財務局や証券取引所など一定の場所で閲覧等することになりますが，**EDINET**と呼ばれる電子開示システム（Electronic Disclosure for Investors' NETwork；条文上は「開示用電子情報処理組織」（27条の30の2）のことです）により，インターネットでも閲覧することができます。後者の目論見書に代表される

形の情報開示は**相対型開示（直接開示）**と呼ばれ，発行会社あるいは証券会社が投資者に開示書類等を直接交付する形で情報提供がなされます。

1.4.2 投資者に対する情報提供

個別の情報開示規制における，投資者に対する情報提供のされ方の概要は次のとおりです。発行開示規制では，公衆縦覧される開示書類（「有価証券届出書」）を閲覧することが可能であると同時に，相対型開示でほぼ同一内容の書面（目論見書）が交付されます。公衆縦覧型の開示は電子開示されるので，わざわざ相対で直接開示する必要はないという考え方もありえますが，発行開示については株式を取得しようとする投資者が確実な企業情報に基づいて投資判断できるように，くどいようですが相対型開示も行われるわけです。継続開示される開示書類（「有価証券報告書」など）は，公衆縦覧のみで開示されます。これ以外にも，第3章で扱う公開買付けにおいては，投資者に対して公衆縦覧型・相対型の開示がなされます。第5章で学ぶ証券会社規制では，証券会社が顧客である投資者に対して，株式のリスク等について説明する義務を負っており，これは相対型情報開示ということができます。詳しくは各章で解説します。

1.5 法律で情報開示を強制する意味

カマボコ会社は商品を販売するために，テレビCMや広告など様々な手段で商品情報を提供しています。同じように，カマボコ会社も投資者に株式を取得してもらうために，会社情報を進んで開示するとは考えられないでしょうか。これに対しては，次のような反論がありえます。カマボコ会社の商品の宣伝活動は，自社製品に有利な情報は提供するでしょうが，食品添加物などの情報は，法律で強制されなければ，誠実に開示するとは限りません。同じように，会社情報の開示を発行会社に委ねていたのであれば，よい情報なら開示し，悪い情報は隠匿してしまう危険があります。しかも，発行会社自身が情報開示のインセンティブを持つという議論は，発行会社が資金調達

図表２−４ ▶ ▶ ▶ 情報開示ルールの統一

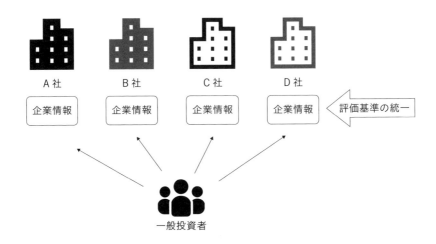

する発行開示に当てはまるとしても，資金調達後の継続開示には妥当しません。そのため，法律で一定の情報の開示を強制することには理由があります。さらに，情報開示を外部の力で強制しなければならない理由がもう１つあります。開示する情報に一定のルールを設けないと，投資者が適切に投資判断を下せないという理由です。ある投資者が自動車メーカーに投資対象を絞って各社の企業情報を調べても，各社が自社の財務情報・非財務情報を独自の基準で好き勝手に開示していたとすると，どの会社が優れているのか比較することが困難になってしまいます。少なくとも，開示すべき事項や書式などは揃えておく必要があり，それを法令で規律することには意味があります。

　もっとも，情報開示を義務付けるのが「法律」でなければならないかは，必ずしも自明ではありません。たとえば，会計基準は，以前は金融庁の諮問機関である企業会計審議会が作成していましたが，今日では民間団体である企業会計基準委員会が作成しています。金商法の様々な場面でいえることですが，法律で何をどこまで規制し，自主規制に何をどこまで委ねるのかは，難しい問題です。

2 継続開示規制

2.1 継続開示規制から説明する理由

　金商法の教科書では，発行開示の次に継続開示の説明が来るのが一般的です。金商法の条文もその順番で並んでいます。会社が発行市場において発行開示を行って株式を発行し，その株式が流通市場で売買対象となって継続開示が行われるので，そのような順序で説明することはたしかに論理的ではあります。

　しかし，一般の人にとっては，証券市場で株式が売買されている流通市場の方が，発行市場よりも馴染みがあり，流通市場の継続開示の方が頭に入り易いと思われます。また，発行開示の中心ともいえる有価証券届出書は有価証券報告書で開示する情報に追加した情報が開示される側面があり，先に継続開示について説明した方が授業を進めやすいという印象を個人的に持っています。そのため，本書では継続開示から先に説明することにします。

2.2 会社の情報開示の基本的内容——企業情報

　会社の情報開示という場合，具体的にどのような情報が開示されるのか，ここで説明しておきます。発行開示書類の有価証券届出書でも継続開示書類の有価証券報告書でも，その中心にあるのは「**企業情報**」といわれるものです。そこで記載が求められるのは，次のような情報です（開示府令「第3号様式」参照）。これを見ると，重要な情報が並んでいるという印象を受けるでしょうが，一般の投資者がこれらの情報を十分に咀嚼できるはずがないのもたしかです。後述するように，市場にはこれら開示情報を分析する専門家が存在し，一般投資者は彼らの分析や評価，推奨内容などを踏まえた上で投資判断をするのが通常です。

　実際の読み手が誰であるにせよ，企業情報が投資判断において極めて重要

であることはたしかです。具体的にどのような情報が開示されているのか，主要なものについて概観しておきましょう。

まず企業情報には財務諸表などの**財務情報**とそれ以外の**非財務情報**に区別されます。企業情報のうち，**「経理の状況」**は財務情報で，非財務情報はさらに以下のもので構成されています。

(1)企業の概況

売上・経常利益・ROE など主要な経営指標の推移，沿革，従業員の状況など。経営指標の詳細は「経理の状況」で確認するにせよ，5 年間の推移を示すとその会社の収益性などが理解できます。近年は人的資本を重視する傾向から，従業員の平均勤続年数や平均年間給与などの情報も投資判断上は重要になるかもしれません。

(2)事業の状況

経営方針，経営環境及び対処すべき課題等，サステナビリティに関する開示，事業のリスク，経営者による財政状態，経営成績及びキャッシュ・フローの状況の分析など。いわゆる非財務情報の中で重要性が増してきている情報ですが，残念ながら企業によっては必ずしも十分な記載が行われているとはいえない状況にあります（後掲 Column「非財務情報」参照）。

(3)設備の状況

設備投資等の概要など。新規の設備投資などについて記載されますが，製造業を前提とした情報で，IT 企業などは僅かな記載しかないことが多いです。

(4)提出会社の状況

株式等の状況，配当政策，コーポレート・ガバナンスの状況など。広義のガバナンス関連の情報といってよいですが，どのような大株主がいるのか，海外投資家の保有比率はどの程度か，役員構成や役員の報酬などのガバナンス情報は，企業価値の評価のみならず支配権争いが生じたときの判断材料として有益です。

Column **非財務情報**

　財務情報のように数値で示されるものでない情報を非財務情報と呼んでいます。財務情報が重要であることはいうまでもないですが，企業が将来的に持続可能であるか，将来収益を拡大させることができるかなど，投資判断にとって重要な情報として最近注目を集めているのが非財務情報です。とりわけ，本文にある「経営者による財政状態，経営成績及びキャッシュ・フローの状況の分析」は，経営者の視点から経営成績に重要な影響を与える要因について経営者が分析し将来見通しを示すものであり，将来の企業業績を予測する上で有益な情報となりうるものです。残念ながら日本の上場会社の多くは，定型的な表現を並べただけの記載や，単に財務情報の数値の増減を説明するにとどまり，経営陣の視点や分析が示されていないものが少なくないため，金融庁が定期的に「開示の好事例集」を公表するなど，より充実した情報開示が求められているところです。

2.3 　流通市場における継続開示義務

2.3.1 　継続開示規制の趣旨

　発行開示は新株が発行される場合などに限って開示が求められるものですが，継続開示は上場会社等の発行会社が継続的に開示を求められるものです。カマボコの消費者と違い，投資者は株式を消費するのではなく，値上がり益を得るために転売するか，剰余金の配当を得ることにより満足を得ます。そのため，取得段階で情報を提供されるだけでなく，その後も継続的に情報を与えてもらわなければ投資者は正しい投資判断ができなくなります。発行会社は，発行市場においては，資金を調達する見返りに煩雑であっても情報を開示するインセンティブを持つといえますが，資金調達後は，継続的に情報を開示するインセンティブは十分に持ちません。しかし発行会社が事後に情報開示をしない制度の下では，流通市場で株式の売買が行われないか，あるいは，本来よりも低い価額でしか売買されなくなってしまいます。そうなると，会社は発行市場においても十分に資金調達することができなくなるわけです。なお，継続開示書類が公衆縦覧型開示されることについては，既に1.4.1項で説明しました。

2.3.2 継続開示書類の種類と適用対象会社

　発行会社が継続的に開示することを求められるのは，以下の図に挙げた7種です（外国会社である場合に求められる外国会社報告書制度は省略します）。

図表 2 - 5 ▶▶▶ 継続開示書類と対象会社

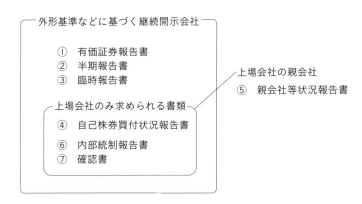

　これらの書類の提出義務を負う会社は，次のとおりです。継続開示の基本ともいえる，①有価証券報告書と③臨時報告書は，上場会社に加えて，有価証券届出書の提出義務が生じた会社，過去5年間のいずれかの事業年度末に株式の所有者が1000人以上となった会社です（24条1項1号〜4号）。最後に挙げた種類の会社については，株主が一定数を超えていれば，継続開示義務を負わせるべきである，との考え方に基づくものであり，**外形基準**と称されます。

　以上が上場会社のみが対象となるものとそれ以外のものですが，⑤親会社等状況報告書は上場会社の親会社が提出を求められるものです。

2.3.3 継続開示義務の消滅

　有価証券報告書の提出義務を負う会社は，前述した要件がすべて消滅すれば提出義務もなくなります。上場廃止や外形基準の要件消滅は判断が容易で

す。これに対して，有価証券届出書を提出した場合の提出義務の消滅は，所有者が5年連続300人未満である場合などで，財務局長等の承認を受けることにより，提出義務が免除されることになります（施行令3条の5。なお，施行令4条も参照）。

2.4 個々の継続開示書類

2.4.1 各種書類の位置付け

　以上の継続開示書類のうち，前記**図表2-5**内の⑥内部統制報告書・⑦確認書とそれ以外の①～⑤とは性質が異なります。というのは，有価証券報告書などにおいて開示される情報は投資判断にとって重要なものが含まれていますが，内部統制報告書・確認書はそれ自体として発行会社の企業価値に関わるものではなく，①～⑤の開示書類が適正に作成されることを担保するものと考えた方がよいからです。

　また，自己株券買付状況報告書と親会社等状況報告書は，自己株式取得の決定を行った会社や非上場親会社がある会社が提出を求められる点でその他の開示書類とやや異なります。

　以下では金商法に基づき開示が求められる書類（「法定開示書類」といいます）に加えて，実務上活用される機会が多い自主規制に基づく開示書類についても併せて説明することにします。

2.4.2 主要な継続開示

(1)有価証券報告書（24条）

　前述した継続開示義務を負う会社は，事業年度終了後，3か月以内に**有価証券報告書**（以下「有報」ともいいます）の提出が求められます。記載内容は，基本的に発行開示規制で説明した「企業情報」です。発行会社に対して定期的に会社の財務情報・非財務情報を監査報告書とともに開示させることにより，有価証券報告書は投資者の投資判断の重要な判断材料となります。

⑵半期報告書（24条の5第1項）

　2023（令和5）年の金商法改正により四半期報告書は廃止され，**半期報告書**が義務付けられるようになりました。半期報告書の記載内容は従来の第2四半期報告書と同程度のものとされ，監査人のレビューが求められます。報告書の提出期限は決算後45日以内とされています。

⑶決算短信

　決算短信は，取引所が上場会社に対して，通期や四半期の決算内容が定まったときに，直ちにその内容を開示することを求めるものです（上場規程404条）。有価証券報告書は前述したように決算から3か月以内に開示されます。しかし，投資判断上の重要情報である決算内容はなるべく早期に開示させる必要があるため，決算から45日以内に決算短信という形で速報版を開示することが要請されています。そのため監査を経ている必要はなく，内容も有価証券報告書ほど詳細なものではなく，要点をまとめたものになります。

　法定開示としての四半期報告書が撤廃されたので，その代わりに四半期決算短信が四半期ごとの会社の業績を開示するものとなります。

⑷臨時報告書（24条の5第4項）

　有価証券報告書の提出義務を負う会社は，重要な事実が生じた場合には，遅滞なく「**臨時報告書**」を提出しなくてはなりません。時々刻々，会社に関する情報を株価に織り込んでいる市場にとっては，株価に影響を与える事態が生じた場合には，発行会社に対して早期に当該事実に関する情報を提供させることが必要となります。具体的には，次のような事実が生じた場合に提出することが求められます（開示府令19条1項・2項）。

- 発行開示規制の適用が除外される株式の発行等（同府令19条2項1号〜2号の2）
- 親会社・主要株主等の異動（3号・4号）
- 重要な災害の発生や訴訟の提起・解決等（5号・6号）
- 株式交換などの組織再編（6号の2〜9号）
- 代表取締役の異動（9号）
- 株主総会決議の結果等（9号の2・9号の3）

図表 2 - 6 ▶ ▶ ▶ 継続開示の流れ

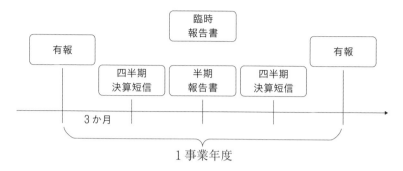

- 監査法人の異動（9 号の 4）
- 民事再生法の申請等（10 号）
- 債権の取立不能等（11 号）
- 包括条項（12 号）

　継続開示においては，正確な情報を迅速に開示することが求められますが，正確さと迅速さは，往々にして二律背反の関係にあります。投資判断は正しい情報に基づいてなされるべきであることはいうまでもないでしょう。しかし，情報の正しさに固執し過ぎれば開示が遅延してしまいます。発行会社の状態は時々刻々変化するため，その情報がタイムリーに開示されなければ，実質的に見て情報に基づいた投資判断がなされたとはいえません。会社が情報開示をしなくても，真偽を問わず多様な情報が市場には流れているため，発行会社が迅速に正しい情報を開示しないと，投資者を混乱させることになりかねません。

　継続開示規制は金商法の法定開示以外にも，証券取引所の自主規制により求められる開示があります（株主・会社債権者保護の見地から会社法においても事業報告・計算書類の開示が求められていますが，ここでは省略します）。概して法定開示は，迅速性よりも正確性を重視し，それゆえに違反があった場合には関係者の民事・刑事などの責任と結びつきます。これに対して，自主規制の開示は投資判断に資するために，迅速な開示が求められているということができます。両者が相まって，情報開示の正確さと迅速さのバランス

図表 2−7 ▶▶▶継続開示情報の伝わり方

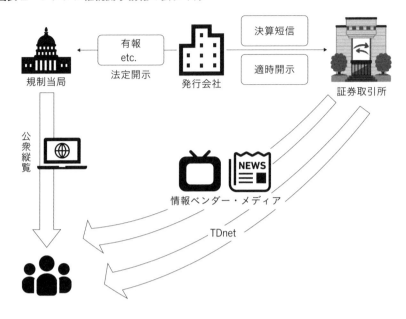

をとっているともいえます。

(5)適時開示

適時開示は上場会社に重要な情報が生じた場合に，直ちにその内容を開示することを求めるものです（上場規程 402 条，子会社につき同規程 403 条）。第 4 章のインサイダー取引規制で見るような，上場会社の決定事実，発生事実，決算情報などに区分して具体的に開示義務が生ずる場合が示されています。適時開示では臨時報告書よりも多くの重要情報が含まれています。しかも，適時開示情報は東証の「**適時開示情報閲覧サービス**」（**TDnet**）を通じて QUICK などの情報ベンダー（最新の投資情報を提供する配信元）にダイレクトに提供されているので，開示されるスピードの違いとも相まって，実務上は臨時報告書よりも適時開示情報が投資情報として活用されています。

　適時開示による情報開示は迅速さを旨とするため，法定開示よりも早い段階で開示されます。たとえば，後述する自己株券買付状況報告書では，法定開示上は株主総会決議の結果として開示されるに過ぎないのに対して，適時

開示においては，株主総会に提案する議案を取締役会で決議した段階で直ちに開示されます（上場規程402条1項e）。それぞれの条文の文言を見ても，臨時報告書では，「遅滞なく」提出することが求められるのに対して，適時開示は「直ちに」開示することを求めています。

　法律用語上，「遅滞なく」は合理的な理由による遅延が許されるのに対して，「直ちに」は一切の遅延が許されないと解されています。イメージし易いように，具体例でいうと東日本大震災では，被害を受けた多くの上場会社は数日後に適時開示で被害の概況を報告し，災害発生から1〜2か月後に臨時報告書で損害額を含めた情報開示をしています。

2.4.3 財務書類の正確さを担保する継続開示

⑴内部統制報告書（24条の4の4）

　2.4項でも述べたとおり，金商法では，財務計算に関する書類その他の情報の適正性を確保するために必要な体制が備わっていると経営者が評価した報告書（「**内部統制報告書**」）を有価証券報告書と併せて提出することが求められています。財務計算書類は後述するように，監査法人等のチェックを受けますが，大規模な会社の財務計算書類の内容の適正性を逐一確認することはできません。監査法人等の監査は，会社が財務報告をするプロセスが適正に機能していることを前提として成り立っているのであり，会社の財務報告に係る内部統制に不備があれば，監査証明の前提が崩れてしまいます。そこで，発行会社の経営者に財務計算書類等の情報の適正性を確保するために必要な体制について評価した内部統制報告書を作成させ，原則として監査法人等にこの報告書の監査をさせることとしています。

⑵確認書（24条の4の2）

　確認書は継続開示書類の内容が適正であることを代表者が確認した旨を記載した書類です。

　「当社代表取締役社長　○○は，当社の第××期有価証券報告書の記載内容が金融商品取引法令に基づき適正に記載されていることを確認しました。」とするなど，記載内容そのものはシンプルです。かかる書類を提出す

るまでの手続きにおいて，継続開示書類の客観性・適正性が確保される，という点に意味があるといえるのでしょう。

2.4.4 その他の開示書類

以上とは別に，自己株式取得決議をした場合に求められる自己株券買付状況報告書，非上場の親会社がある場合に求められる親会社等状況報告書があります。

(1)自己株券買付状況報告書（24条の6）

会社法では，株主総会等で自己株式取得の決議を行うことが求められていますが（会社法156条1項など），これは取得枠を決定する決議であり，実際に取得するためには別途，取締役会決議等が必要となります（会社法157条など）。**自己株券買付状況報告書**は，取得枠の決議の後の会社の自己株式取得状況を1か月ごとに報告させ取引を透明化することにより，不正な取引を防止するとともに，投資情報としても役立てられることを目的とします。取得枠決議は一定期間内に自己株式を取得するものなので，決議後の取得状況を投資者らが知ることにより，実際に取得がなされているのか，買付可能な取得枠がどれくらい残っているのか等々の情報を投資判断に利用することができます。

(2)親会社等状況報告書（24条の7）

上場会社の議決権の過半数を所有している会社（親会社）等は，当該親会社等の事業年度ごとに，「**親会社等状況報告書**」の提出が求められます。記載されるのは，親会社の株主構成や会社法上作成している計算書類等で，詳細な開示がなされるわけではありません。ただし，報告書の提出義務者が上場会社ではなくその親会社であり，虚偽記載等があれば，親会社の側について，民事上刑事上の責任追及がなされるほか，提出義務者である親会社に対して当局が報告の徴取や検査をする権限を有することになる（26条）ため，上場会社の親会社が非公開会社であっても，規制当局が親会社に対してこのような権限を行使できることに意味があるといえます。

2.5 投資判断材料としての企業内容開示

2.5.1 開示規制の意義と限界

　企業内容の開示規制は自主規制も加えると，膨大な情報が定期的に開示され，突発的事項が発生しても迅速に開示されるよう配慮されていることが分かります。しかし，これらナマの情報を大量に与えられても，一般の投資者が十分に消化して投資判断に活用できるわけでないのもたしかです。

　一般の投資者には開示される情報を分析・評価する能力が必ずしもありません。開示規制において開示が求められる情報の大部分は，過去の情報ですが，それを見て現在の株価が割高か割安か，将来の株価がどうなるのか等を判断することができる一般投資者は，ほとんどいないでしょう。

　さらに，株価の基礎となる企業の価値評価はその会社の情報だけで完結するわけではなく，関係する分野の最新技術の情報やライバル会社の状況，為替・金利の水準など会社外の様々な情報も影響します。

2.5.2 市場の専門家が提供する情報——アナリストの役割

　ある会社の企業情報を分析評価するのみならず，諸々の外部情報の収集・分析も会社の株価を判断するために必要となります。これらすべての情報を収集・分析し評価する専門家として**証券アナリスト**が存在します。法律上の制度ではないですが，事実上投資者の投資判断に大きな影響を与えています。資産運用会社などの機関投資家に所属する者を「バイサイド・アナリスト」といいますが，一般にアナリストと呼ばれるのは，証券会社に所属する「セルサイド・アナリスト」です。証券アナリストは「アナリスト・レポート」という分析結果を公表し，特定の会社の現在の株価が割安であるか割高であるか，いま買うのが適当か売るのが適当か等々の投資判断に参考となる重要な情報を提供しています。投資者はこのような専門家の分析や意見を踏まえて自己の投資判断を行うのが通常です。

図表 2-8 ▶▶▶証券アナリストの役割

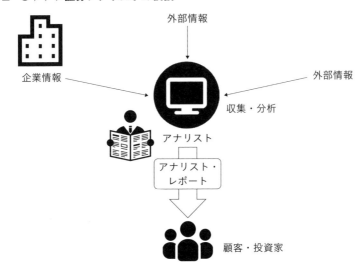

　会社の情報開示における正確さ迅速さと並んで重要なものとして，平等性があります。第4章で見るように会社情報にいち早く接することのできる内部者が未公表の重要事実に基づいて自社株を売買することは，インサイダー取引規制で禁じられています。インサイダー取引に該当しない場合であっても，たとえば，会社の情報が特定の者にだけ早く知らされると，他の投資者との間に不平等が生じてしまいます。とりわけ証券アナリストなど証券関係者は会社情報に接する機会が多いですが，重要な会社情報が一般の投資者に優先して伝達されることがあってはいけません。そこで，2017（平成29）年金商法改正で導入されたのが，**フェア・ディスクロージャー・ルール**です。発行会社が未公表の重要情報を第三者に提供する場合には，当該情報が他の投資者にも提供されるように，会社のホームページなどで公表する必要があるとするものです（27条の36）。

図表2−9 ▶▶▶ 「有価証券届出書」と「目論見書」

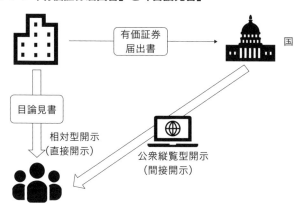

3 発行開示規制

3.1 発行開示とは

　発行開示が求められる理由は前述したとおり，株式を発行して資金調達をするに当たり，資金提供者に対して会社の内容を正しく知らせる必要があるということです。しかし，金商法の情報開示は発行会社にとっては，費用的にも事務手続き上も大きな負担となることはたしかであり，会社が株式を発行するすべての場合に適用されるわけではなく，投資者保護が必要となる場合に限られます。金商法の発行開示規制は，**有価証券届出書**の提出と**目論見書**の交付が，その中心となります。多数の者に対して株式を発行する会社は，有価証券届出書を国（財務局等）に届け出た後，投資者に対して目論見書を交付する形で，当該会社の情報を開示します。

3.2 発行開示規制の適用対象

3.2.1 「募集・売出し」という要件

　金商法の発行開示規制は，すべての新株発行等に適用されるわけではありません。同族経営の中小企業が身内だけを対象に株式を発行して資金調達する場合や，プロの投資家だけに株式を発行する場合のように，会社の事業内容に通じている限られた者だけから資金を調達しようとするなら，保護すべき投資者は存在しないので，わざわざ面倒な手続きを強いる必要はありません。裏を返していうなら，金商法では投資者保護が不要と思われる一定の場合を除き，原則的に発行開示が義務付けられているといえます。発行開示規制の対象となるのは，株式の「募集・売出し」という要件を満たした場合です。

3.2.2 募集とはなにか

⑴募集と取得勧誘

　募集とは原則的に多数の者，具体的には50名以上の者（2条3項1号，施行令1条の5）に対して，新たに発行される株式の取得の申込みの勧誘（「**取得勧誘**」といいます）をすることです（2条3項）。「**勧誘**」とは明確な定義はないですが，投資者の特定株式の購入意欲を高めるような働きかけを広く指すと捉えておくとよいでしょう。「新たに発行される株式の取得の申込み」をするのは投資者で，そうするように「勧誘」するのは発行会社，あるいは証券会社などの第三者です。多数の者に取得勧誘すれば，投資者保護のために情報開示が必要ということです。

図表2-10 ▶▶▶取得勧誘

(2)該当する場合としない場合の注意

　ここで2点注意すべきことがあります。1つは，多数の者に対する勧誘でなければ募集に当たらないかというと，必ずしもそうならないということです。取得勧誘が少数の者に対してなされたとしても，その株式に流通性があり勧誘を受けた者以外に転売されることになれば，多数の者への取得勧誘に発行開示規制を設けた趣旨が損なわれるからです。換言すると，少数の者に対する取得勧誘は，その株式が上場株式であるなど多数の者に譲渡されるおそれがある場合を除いて，発行開示は不要ということです。

　2つ目は，1つ目とは反対に多数の者に対する勧誘であっても，募集に当たらない場合があるということです。勧誘される者が十分に理解力・交渉力のあるプロの投資家で，必要な情報があれば発行会社に求めることができる者であれば，勧誘相手が多数であっても一般投資者に対するような保護の必要性は低いでしょう。そのため，このような場合には発行開示は不要となります。

3.2.3　私募

　発行開示規制が適用されない取得勧誘のうち，少人数に対するものを**少人数私募**といい，プロに対する取得勧誘を**プロ私募**といいます。

(1)少人数私募

　少人数私募とは，少人数（すなわち50名未満）の者に限って株式の取得勧誘を行う場合です（2条3項2号ハ）。相手方が少数であれば，通常は同族会社が発行会社である場合などで投資者間に企業情報が共有されているなどの事情があり，コストをかけて開示させる必要はないということです。その株式について有価証券報告書の提出義務を負う場合など，株式に流通性がある場合にはこれに当たりません（施行令1条の7）。

(2)プロ私募

　プロ私募とは，投資の専門家のみを対象として株式の取得を勧誘する場合です（2条3項2号イ・ロ）。プロ投資家の類型として金商法は「適格機関投資家」「特定投資家」という2類型を定めていますが，いずれにしても，

投資判断能力が備わっているので，一般投資者と同じように保護する必要は高くないということです。少人数私募と同様，株式に流通性がないことが要件となっています。

3.2.4 売出しとはなにか

売出しとは，既に発行された有価証券の売付勧誘等で，募集とほぼ同じ定めがなされています（2条4項）。典型例としては，発行会社の大株主が，保有株式を処分する場合を考えればよいでしょう。ただし既に継続開示義務を負っている会社については，適用が除外されています（4条1項3号）。加えて証券市場などにおける売買や発行会社の役員など会社関係者に当たる者以外の者が譲渡する場合の売出しは適用除外となっているので，売出しに該当して情報開示が求められるのは狭い範囲のものになります（施行令1条の7の3）。有価証券届出書が不要とされる場合であっても，目論見書は必要となるので注意が必要です（13条）。

3.2.5 組織再編成（2条の3）

発行開示規制は株式の募集・売出しの場合に適用されますが，いずれも勧誘行為の存在が前提とされてきました。したがって合併などの組織再編では，株主に対価としての株式が発行されますが，その発行・交付は株主総会等で決定されるため勧誘行為はないので，募集・売出しに該当せず発行開示規制の対象とならない，と考えられていました。しかし，たとえば，組織再編による株式の発行であっても，上場していない会社が上場会社を吸収合併するような場合には，消滅会社の株主は，これまで企業情報が開示されていない存続会社の株式を新たに交付されることとなるので，募集・売出しと類似した投資者保護の必要性が認められます。そこで，近年組織再編により株式が発行等される場合にも，一定の場合には発行開示規制が適用されることとなりました（法律上「特定組織再編成発行手続」という（2条の3第4項））。ただし，既に市場で情報開示を行っている上場会社どうしの組織再編であれば，このような煩雑な手続きは必ずしも必要ないと考えられるので，適用対

図表 2-11 ▶▶▶ 吸収合併の場合

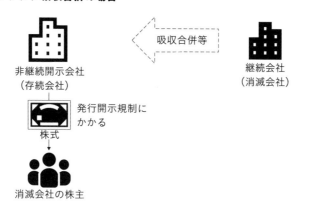

象とされていません（4条1項2号）。

3.2.6 届出免除（4条1項ただし書）

募集売出しに該当すれば，原則として次に見る有価証券届出書の提出義務を負いますが，届出義務を免除されているものがいくつかあります（4条1項各号）。売出しの適用除外（3号）と組織再編で発行交付される株式について開示が行われている場合（2号）については既に説明しました。それ以外のものとして，募集の相手方が既に情報を取得し，または容易に取得できる場合として政令に定める場合（1号，施行令2条の12），具体的にはストックオプションがあります。また，ベンチャー企業育成の観点からしばしば議論になりますが，少額免除の基準として1億円未満の募集・売出し（4条5号）でも，有価証券届出書は不要です。ただし，少額免除の場合は，1千万円を超えるときには，**有価証券通知書**の提出が求められます（4条6項）。これは行政機関が実態把握できるように通知させる簡易な書類で，公衆縦覧等はされません。

3.3 発行開示の開示内容

3.3.1 有価証券届出書の記載内容

　有価証券届出書に記載される内容は，主たるものとして，「**証券情報**」「**企業情報**」の2つがあります（開示内容は，有価証券の種類や新規公開か否か等により異なりますが，ここでは最も基本的な開示府令第2号様式（完全開示方式）について説明します）。企業情報は，既に2.2項で見たとおりです。

　証券情報は，株式募集の方法や引受人の名称，手取金の使途など，発行する株式に関する情報です。発行株数や発行条件，手取金の使途などは，いずれも新株発行に当たって，投資者の重要な判断材料となります。

図表2-12 ▶ ▶ ▶ 有価証券届出書に記載される情報

届出書の主な中身

＝証券情報　　　＋企業情報
- 募集・売出し　　• 企業の概況
  の額・方法　　• 事業の状況
- 引受人の名称　• 設備の状況
- 手取金の使途　　　　　etc.
　　　　etc.

3.3.2 目論見書の交付

　目論見書の記載内容は，有価証券届出書とほぼ同一と考えてよいでしょう（新規公開の目論見書の場合は，有価証券届出書のうち「第三部　特別情報」の記載が省略されるに過ぎません（開示府令12条1号ニ参照））。有価証券届出書が，公衆縦覧型開示であるのに対して，目論見書は投資者に対して直接交付する相対型開示であることは既に説明しました。作成するのは発行会社ですが（13条），交付するのは発行会社に限定されず証券会社でもよく（15条），通常は証券会社が投資者に交付します。目論見書は「あらかじめ又は同時に」投資者に対して交付することが求められています（15条2項）。

3.4 新規公開と発行開示

3.4.1 はじめに

　金商法を学びはじめたときに，多くの学生が戸惑うのが，「新規公開」と「発行開示」はどういう関係にあるのか，ということです。この関係について整理しておいた方が後の説明も理解が進むと思われるので，ここで説明を加えておきます。

3.4.2 新規公開

　新規公開（**IPO**：Initial Public Offering の略）とは，未上場会社が株式を上場するに当たり，一般投資者を対象に株式を発行したり大株主が売出しを行ったりすることをいいます。上場については第6章で詳述しますが，発行会社と証券取引所との間の上場契約に基づくものであり，発行会社はその発行株式を証券取引所の売買対象としてもらうことと理解しておけばよいでしょう。新たに上場する会社は，上場前に募集・売出し，つまり新規公開をする場合と，そうでない場合とに分かれます。

図表 2 - 13 ▶ ▶ ▶ 新規公開と開示

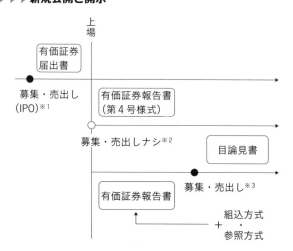

⑴募集・売出しを経て上場（図表2-13の※1）

多くの会社は株式を上場する前に，新規公開を行います。発行会社は募集により資金調達をしたり，株主数を増やしたりし，大株主は売出しにより，売却益（キャピタルゲイン）を得ることができます。ここで前述の募集・売出しによる発行開示が求められることになります。

⑵募集・売出しナシで上場（図表2-13の※2）

募集・売出しを行わずに上場することも理論上はありえます（後掲Column「直接上場」参照）。この場合に発行開示は不要ですが，後述するように，上場した後は有価証券報告書などの継続開示義務を負うことになります。やや細かな話をすると募集・売出しを経ずに上場した場合には，有価証券報告書には，株式公開情報として，「特別利害関係者等の株式等の移動状況」「第三者割当等の概況」「株主の状況」を追加的に記載することが求められます（開示府令第4号様式）。

⑶上場後の募集（図表2-13の※3）

上場後に株式の募集・売出しをすることもあります。発行開示規制上は，未上場会社の新規公開と異なり，上場会社は既に継続開示義務を負っています。その発行会社の企業情報は，定期的に開示されているので，発行開示においては追加的な情報のみ開示すれば足りることになりそうです。実際に，3.5項で説明する組込方式・参照方式というものが認められています。

前述したように既に継続開示がなされている株式の売出しが行われる場合には，有価証券の届出は不要とされています（4条1項3号）。ただし，この場合は投資者には目論見書による相対型の情報開示がなされることになります（13条1項）。

直接上場

募集・売出しを行わずに上場することを直接上場（Direct Listing）といいます。2018年にスポティファイという音楽配信会社がアメリカのニューヨーク証券取引所でこれを実施して注目を浴びましたが，わが国では1999年に杏林製薬が実施したのが唯一の例です。従来は東証グロース市場において，ダイレクトリスティングのように資金調達を伴わない上場は認められていませんでしたが，2023年3月の規程改正により一定の要件を満たせば，公募を行わなくても新規上場が認められることとなりました（上場規程217条3号）。

3.4.3 公募増資と引受証券会社

発行会社と一般投資者の間に介在して引受証券会社が重要な役割を果たしていることもここで触れておきます。会社が広く一般投資者に株式を発行して資金を調達することは，**公募増資**と呼ばれます。会社が株式を一般投資者に発行するといっても，自ら投資者との間で直接手続きを行うわけではありません。会社は証券会社に対して新株を発行し，その株式を証券会社が投資者に売りさばくのです。公募増資を仲介する証券会社を引受人あるいは**引受証券会社**と呼びます。引受証券会社は通常は1社ではなく複数が関与し，中心になる会社を**引受主幹事証券会社**といいます。詳しくは4.4項で学びます。

3.4.4 募集・売出価格の決まり方

図表2-13および3.4.2項の※1のケースでは，上場前に募集・売出しを行っていますが，この価格はどのようにして決定されるのでしょうか。同じく※2のように，既に上場している会社であれば市場価格があるため，それを基準とすることができますが，新規公開ではそうはいきません。実務上は，引受証券会社が重要な役割を果たすことになります。当該発行会社の株式について理論上の価格を割り出すとともに，募集・売出し前に機関投資家などの意見を聴取するなどして，一定の幅で仮条件を示し，その価格帯の中で投資者らの購入希望を調査することを通じて，価格を決定する方法が採られています（需要積み上げ方式・ブックビルディング方式）。なお，このようにして決定された発行価格を公募・売出価格といい，上場して最初につい

図表 2−14 ▶▶▶ 募集・売出価格の決定

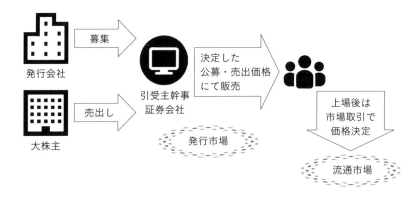

た値段を**初値**といいます。

3.4.5 待機期間

　有価証券届出書の提出や目論見書の交付がされる前に，投資者に対して不正確な儲け話が流布すると，いくら発行会社から正確な情報が提供されても，投資者は目論見書等を見ることなく，儲け話に飛びつく危険があります。そこで，法は有価証券届出書を提出する前に，投資者に対して勧誘を行うことなどを禁ずるとともに，届出書提出後，原則15日間経過して効力を生ずるまでの間に，勧誘は可能ですが，契約を締結することはできず，また，目論見書交付前に交付される資料などには，投資判断は目論見書を見て行うべきことなどの記載を求めています。この期間を**待機期間**と称しています。この間，機関投資家に対する説明会やブックビルディングに基づく発行価格の決定がなされます。

　待機期間の規制は，今日では投資者の熟慮期間のために必要であるといわれています。しかし，継続開示が行われている上場会社でこのような規制が必要かという点には批判もあり，後述する組込方式・参照方式を利用する場合などには期間の短縮を認めるという措置もなされてきました（開示ガイドライン8−1・8−2参照）が，その後2014（平成26）年の金商法改正で，周知性の高い企業では適用除外とし，直ちに効力を発生させることができる

図表 2-15 ▶▶▶ 待機期間と有価証券届出書・訂正届出書

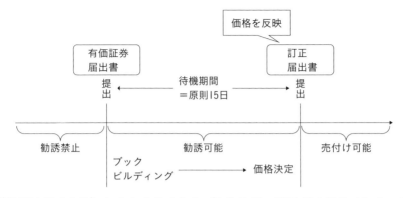

（売付けができる）こととなりました（8条3項，開示ガイドライン8-3）。これは，待機期間中に空売りなどにより株価が必要以上に下落するという事態への対応も目的でした。

Column	待機期間の歴史的経緯

　新製品の販売前に大々的に宣伝することは，カマボコなどの一般の商品では，禁じられてはいません。株式ではなぜダメなのでしょう。この規制の趣旨については，立法の経緯，つまり日本法の母法であるアメリカの証券規制がどのような経緯で設けられたかを知っておくと，理解することができます。アメリカの証券規制（その中心は1933年証券法，1934年証券取引所法）は，1929年の大恐慌を契機に制定されました。大恐慌の前の株高の際に，一般投資者が投資した株式等の金融商品の多くは価値がほとんどないものであったことが，その後明らかになりました。引受証券会社がそれら発行会社の事業内容や財務諸表を十分にチェックしないまま，一般公衆に対して売りさばいたためです。このとき，大量の株式等を消化するために，詐欺的なものも含めて，不適当な勧誘・販売活動も行われていました。この時の反省から1933年法では，募集・売出しで発行される株式は当局への登録と目論見書の交付を求めつつ，投資者の勧誘は，目論見書に記載された情報に基づいて行うことを原則として，早々と投資意欲を煽るようなことを禁じたのです。同時に，5.2項で見るように，発行会社の取締役が虚偽の情報開示を行ったり，引受証券会社が記載内容に相当な注意を払うことを怠ったりした場合には，それら関係者は厳しい責任を負うものとされました。

3.5 簡易な手続き

3.5.1 組込方式・参照方式（5条3項・4項）

　後述するように，既に上場している会社は，有価証券報告書などの継続開示を行っており，有価証券報告書の内容は，有価証券届出書の「企業情報」と概ね同一です。それなら，既上場の会社が募集・売出しをする際の開示は，有価証券報告書に加えて，証券情報を開示するだけで足りるはずです。そのような扱いを認めるものとして，組込方式と参照方式の2つの届出様式があります。**組込方式**とは，1年以上継続して有価証券報告書を提出している発行会社は，有価証券報告書などの写しを組込情報として記載し企業情報に代えることを認めるものであり（5条3項，開示府令9条の3第1項），**参照方式**とは組込方式の要件に加えて企業情報が既に公衆に周知されていると見られる一定の要件を満たすときに，提出済みの有価証券報告書などを参照情報として記載することを認めるものです（5条4項）。

3.5.2 発行登録制（23条の3）

　有価証券届出書のように，その都度，届出をするのではなく，事前に一定期間内に発行予定の株式につき記載した「発行登録書」を提出しておき，現実の発行時に発行条件等を記した「発行登録追補書類」を提出する制度もあります。待機期間が不要となるので，資金調達期間を短縮することができます。実際の発行例を見ると，社債が大部分ですが，株式でも利用例があります。また敵対的買収防衛策として新株予約権の発行登録をしておく場合もあります。

4 情報開示とゲートキーパーの役割

4.1 レモンの市場

　本節4では，発行会社が情報を開示すれば，それだけで株式市場は機能するのだろうか，という点について考えてみましょう。情報開示の必要性を議論する際に，「**レモンの市場**」問題というものがよく引き合いに出されます。レモンとは，粗悪な中古自動車のことを指しますが，情報発信者による単なる情報提供では匿名者間の取引は上手くいかず，「信頼できる」情報提供が重要である，というのが話のポイントです。具体例で見てみましょう。

　事情があって自動車を処分しなくてはならないA氏を例にとって説明します。Aにはその自動車を売却する方法として2つの選択肢，すなわち隣人に売却する方法と，市場で売却する方法があったとします。以前からその自動車に興味を示していた隣人にAが自動車を売却したいと話をもちかけたとしましょう。隣人は日頃の交流でAの人柄，あるいはその提供する情報の信頼性がどの程度であるかを知っており，売買対象の中古自動車についても一緒にドライブするなどして，それなりに知っていたとします。この場合には双方がそれなりに納得のいく価格で売買が成立する可能性は高いでしょう。

　これに対して，インターネットのオークションサイトのように，互いに知らない者どうしの売買の場合はそうはいきません。Aが所有する自動車の利用履歴や性能についてどれほど詳細に，また，誠実に情報を提供しても，

図表2-16 ▶▶▶情報の信頼性と取引の成否

隣人

情報の
信頼度
高
A氏
情報の
信頼度
低

匿名の他人
（市場）

A氏もA氏の
自動車も
直接知らない

そもそもＡの提供する情報をどの程度信頼すればよいのか市場の参加者は知りようがありません。商品を高く売りたい売り手は，正確さを欠いた情報を提供するなどして不当に高く売りつけようとするかもしれないし，不利な情報を伝えない（あるいは過少にしか伝えない）危険があります。市場参加者はＡの隣人と異なり，Ａが誠実な売り手か詐欺的な売り手であるかを，判別することはできないからです。そのため，本来誠実な売り手であれば，50万円で売却できるはずの自動車に10万円の値段しかつかないかもしれません。そうなると誠実な売り手Ａは市場では相当値引きした価格でしか売れないため，市場で売却する意欲を失います。Ａのように誠実に情報を伝え正しい値段での取引を希望する売り手が市場に商品を出さなくなると，市場にはますます悪質な売り手があふれ，市場の買い手はますます取引に慎重になっていきます。結果的に市場の参加者はいなくなり，中古車市場は成り立たなくなってしまいます。互いに相手の発する情報の信頼性を確認できない市場で売買が成立するためには，単なる情報開示ではなく，「信頼できる情報」の開示が必要だということです。

4.2　証券市場のゲートキーパー

　発行開示・継続開示のいずれの情報開示においても，国（財務局等）に対して書類が提出され，チェックを受けることになっています。審査に当たり，財務局のみならず，金融庁・証券取引等監視委員会あるいは証券取引所などと連携するほか，開示義務違反等に係る情報を一般から受け付けるなど相当な審査がなされています（開示ガイドライン１－３・１－４参照）。しかし，膨大な開示書類の適正さを，国がすべて細部にわたりチェックできるわけではないし，そもそも内容面の正確性を確認することなど期待できません。そこで，発行会社の情報開示を信頼できる情報開示にするために，証券市場ではゲートキーパーによるチェックがなされています。

　ゲートキーパーとは，文字通り証券市場の門番であり，その者の協力がない限り会社は証券市場にアクセスできない専門家を指します。具体的には公

認会計士・監査法人および，引受証券会社を挙げることができます。すぐ後で見るように，発行会社が開示する情報について，監査法人等は財務情報の適正さ等をチェックし，引受証券会社は新規上場会社などの事業内容など非財務情報をチェックすることが期待されています。彼らが発行会社の財務情報や事業内容が適正であると判断しない限り，上場を希望する会社が証券市場に入る（上場を認められる）ことはできないし，上場会社であれば上場を維持することが難しくなり証券市場から退出（上場廃止）することになります。監査法人等や引受証券会社は，ずさんな仕事をしたために発行会社に虚偽記載等が存在したとすれば，評判を落とすばかりでなく，発行会社と並んで民事・刑事などの責任を負わされることになります。

図表 2 - 17 ▶▶▶ ゲートキーパーの役割

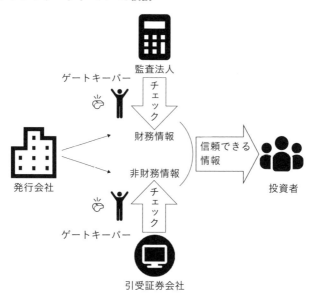

4.3 公認会計士・監査法人

　会社が発行開示や継続開示で作成し提出する財務書類には，**公認会計士・監査法人**（本書では便宜上「**監査法人等**」と表記する）の監査証明を受けることが義務付けられています（193条の2）。これにより，会計の専門家から見て財務書類が適正か否か意見が付されるとともに，監査法人等が監査証明を作成する過程で不正等を発見すれば，国に報告することも義務付けています（193条の3）。有価証券報告書の財務書類の監査証明は「監査報告書」という形をとり，「無限定適正意見」「限定付適正意見」「不適正意見」のいずれかの意見が付されるほか，意見が表明されない場合（「意見不表明」という）もあります。監査報告書の意見は，投資者の財務書類に対する信頼性との関係で意味を持つのみならず，上場廃止基準に抵触するか否かの判断材料となる点で実務上大きな意味を持ちます。半期報告書の財務書類については，監査報告書よりも簡略化された「半期レビュー報告書」が作成されます。

4.4 引受証券会社

　金商法上は会社が募集・売出しなどを行うに当たり**引受証券会社**の利用を求める規定は存在しませんが，新規上場会社や既上場会社が募集・売出しをする場合には常に引受証券会社は利用されるとみてよいでしょう。新規上場を申請するに当たっては，発行会社は引受証券会社による支援を受けることが証券取引所から求められています。また，引受証券会社は「引受けを行うに当たっては，発行者が将来にわたって投資者の期待に応えられるか否か，募集又は売出しが資本市場における資金調達又は売出しとしてふさわしいか否か及び当該発行者の情報開示が適切に行われているか否かの観点から」厳正に引受審査を行うことが求められています（日本証券業協会「有価証券の引受け等に関する規則」12条1項）。一般投資者は新規に公開される会社があまり知られていない会社であっても，この引受審査業務があることあるいは引受証券会社の評判を信用して，新規公開に際して申込みを行うことがで

きます。

Column 再びブランダイスの『他人のお金』

　ブランダイス判事は前掲Columnで紹介した『他人のお金』において，「陽の光は最高の消毒剤」であり，「電気の照明は最も有効な警察官」であると述べました。会社の経営者が不正行為を行おうとしても，会社の事業内容が透明化されていれば，会社経営者は不正行為をためらうであろうし，かりに不正を行っても事後に露見して責任を追及されることになります。つまり，情報開示の重要性を説くものであるとして，わが国のみならずアメリカにおいてしばしば引用されています。しかし，ブランダイスが著書の中で問題にしていたのは，企業内容の開示ではなく，投資銀行が受け取っていた過大な引受手数料でした。これを目論見書などで開示させれば，公募増資に応ずるか否かの判断材料になる，というのが彼の主張であり，今日の有価証券届出書や目論見書の開示を意味していたわけではありません。ブランダイスが投資銀行などを傘下に持つモルガン財閥と対立していたことは有名な話です。

---

5 / 虚偽記載等の民事責任

5.1 / 虚偽記載等の責任

5.1.1 はじめに

　企業内容等の情報開示が法定されていますが，現実には粉飾決算などの形で虚偽の情報開示がなされることが少なくありません。ここでは，事実と異なる情報が開示された場合に誰がいかなる責任を負うかについて説明します。虚偽記載などを行った会社やその関係者は，刑事責任や課徴金による不利益処分を受けることがありますが，ここでは民事責任を中心に見ていくことにします。民事責任は，民法の不法行為や会社法に基づく責任追及も可能ですが，本節5では原則的に金商法上の民事責任に限って説明します。

5.1.2 虚偽記載等とは

金商法の民事責任の対象となる**虚偽記載**等の類型は，

① 重要な事項について虚偽の記載がある

② 記載すべき重要な事項の記載が欠ける

③ 誤解を生じさせないために必要な重要な事実の記載が欠ける

の3つがこれに当たります。

Column **虚偽記載と不実記載**

虚偽記載とほぼ同じ意味で不実記載という言葉が使われています。いずれも真実でないことを意味しますが，一般的に「不実」が客観的に真実と異なることを意味するのに対して，「虚偽」という用語は意識的に真実と異なるようにする場合を指すことが多いとされます（角田禮次郎ほか編『法令用語辞典（第10次改訂版）』（学陽書房，2016年）168頁参照）。本書では条文上「虚偽記載等」とされていることからこの用語で統一します。

5.1.3 重要な事項

発行開示・継続開示の虚偽記載について関係者が責任を負うには，「重要な事項について虚偽の記載」があることが要件になります。重要な事項の虚偽記載とは，単に虚偽記載があるというだけではなく，その虚偽記載がなければ株式の売買を行わなかったといえるほど，投資者の投資判断に影響を与えるものを指します（後掲 Column「非財務情報における「重要な事項」の虚偽記載」参照）。

5.1.4 発行市場・発行開示の虚偽記載等と流通市場・継続開示の虚偽記載等

金商法上の損害賠償責任を理解するに当たり，要点となるのは「誰がどのような場合に責任を負うのか」と「（発行会社の）損害賠償額の計算方法」の2点です。財務書類の虚偽記載等が与える影響は，発行開示（発行市場）と継続開示（流通市場）とではこの2点について，必ずしも同じではないので，それぞれについて区別して説明することにします。

5.2 発行開示における虚偽記載等の民事責任

　発行開示においては，公衆縦覧型の開示である有価証券届出書等と相対の開示である目論見書の交付という 2 通りの開示がなされます。

5.2.1 公衆縦覧型開示の場合

　発行開示で責任を負うのは，取締役などの役員らと売出人・発行会社のほか，ゲートキーパーである監査法人等，引受証券会社です。**売出人**とは，虚偽記載等のある有価証券届出書に基づいて売出しがなされた場合において，当該売出しに係る株式の所有者等をいいます。発行会社の責任（18 条 1 項）については，無過失責任ですが，役員の責任（21 条 1 項 1 号），売出人の責任（21 条 1 項 2 号），監査法人等（21 条 1 項 3 号），引受証券会社（21 条 1 項 4 号）は過失責任であり，立証責任が転換されています。

　つまり，**図表 2 - 18** の事実をそれぞれ立証できれば免責されます（21 条 2 項）。

図表 2 - 18 ▶ ▶ ▶ 虚偽記載等と免責要件

	21 条 2 項の免責要件
役員・売出人	記載が虚偽であること等を知らず，かつ，相当な注意を用いても知ることができなかったこと
監査法人等	監査証明をしたことについて故意・過失がなかったこと
引受証券会社等	記載が虚偽であること等を知らず，非財務書類につき相当な注意を用いても知ることができなかったこと

　近時，引受証券会社の責任が認められたものとして，**エフオーアイ損害賠償請求事件**があります（最判令和 2・12・22 裁時 1758 号 2 頁）。

　それぞれの損害額については，投資者の側が立証する必要がありますが，5.2.2 項に説明するように，発行会社の場合には損害額について定めが置かれています。

図表 2-19 ▶ ▶ ▶ 責任関係と免責

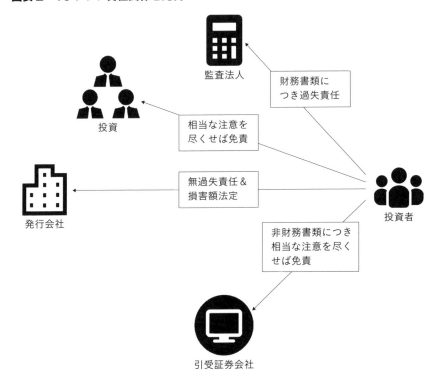

5.2.2 発行会社の責任と損害賠償額

　民事責任の原則は過失責任ですが，発行会社の責任は無過失責任です。発行会社の損害賠償責任の損害額は，投資者が取得した額から処分額を差し引いたものが原則となります（19条1項）。これは一般商品の売買で虚偽の説明があった場合に売買を取り消して原状回復するのと類似の処理をしていると考えれば理解できるでしょう。ただし，値下がりが虚偽記載等以外の理由による場合には，その額が控除されます（19条2項）。虚偽記載等により投資者が損害を被る場合，発行会社には同じ額の利益が発生していると考えることができ（売出しの場合は発行会社が投資者の犠牲において売出人に利益を生じさせたと考えることになるでしょう），無過失責任としても発行会社に酷とはいえないわけです。

取得額－処分額＝損害額

売買がなかったのと
同じ状態

5.2.3 相対型開示の場合

　相対型開示である目論見書についても，公衆縦覧型開示の虚偽記載等の場合とほぼ同じ責任が定められています（18条2項・21条3項）。ただし，両者の記載内容は概ね同一であるので，一方に虚偽記載等があるとすると，他方にも虚偽記載等がなされることになります。開示が行われている有価証券の売出しの場合には，有価証券届出書の提出は不要で，目論見書の交付のみ求められるため，その場合に目論見書の民事責任を問う必要性は大きいですが，多くの場合は有価証券届出書と目論見書の交付の双方が求められています。記載が同一である限り，目論見書について有価証券届出書とは別に，虚偽記載等の責任を問題とする必要は大きくありません。ここでは，17条の目論見書使用者の責任について説明を加えます。

　発行会社以外のものを含む目論見書の使用者について虚偽記載の責任に関する規定が17条に置かれています。17条の責任主体となりうる「有価証券を取得させた者」は，発行会社に限定されず，証券の取得につきあっせん，勧誘等を行った者もこれに当たります（最判平成20・2・15民集62巻2号377頁〔証券の取得につきあっせん，勧誘等を行った者もこれに当たるとの判断を示しました〕）。この責任も有価証券届出書の虚偽記載等の役員の責任と同じく相当な注意を用いた場合に免責されるものです（17条ただし書）。

5.3 継続開示における虚偽記載等の民事責任

5.3.1 発行開示との違い

　上述したように，会社が発行開示で虚偽記載等をした場合と継続開示で虚

偽記載等をした場合とでは，考慮する要素が異なります。発行開示の虚偽記載等では，発行会社が虚偽記載等に基づき株式を発行し投資者が対価を支払うという関係が存在します。これに対して，継続開示の虚偽記載等が問題となる流通市場では売買は投資者間で行われ，発行会社は売買の当事者ではありません。それでも，発行会社や監査法人等は民事責任を負いうる立場にあります。発行会社の株価，つまり投資者間の株式の売買価格は，有価証券報告書等の継続開示書類に基づいて決定されていますから，虚偽記載等により株価が歪められてしまうと，売買当事者の一方は損害を被ることになるからです（真実が開示されていればより安く買えた，あるいはそもそも売買は行わなかったということです）。

5.3.2 継続開示における虚偽記載等の開示で責任を負う者

　継続開示書類の虚偽記載等が問題となる多くの場合は，有価証券報告書ですが，臨時報告書の虚偽記載等も問題となることがあります。ここで注意しておくべきは，発行開示書類である有価証券届出書の虚偽記載等についても，投資者が発行会社以外の者から株式を取得した場合にも，発行会社等に損害賠償責任の追及ができるということです（21条の2第1項・22条1項）。なぜなら上場会社が増資などをするに当たり，発行開示書類を提出したところ，そこに虚偽記載等があれば，流通市場の株価などに影響を与えることが考えられるからです。

　継続開示書類の虚偽記載等で責任を負うのは，発行会社のほか発行会社の役員，監査法人等です（21条の2第1項）。継続開示では発行開示と異なり引受証券会社は関わらないので含まれていません。いずれの責任も立証責任の転換された過失責任であり，発行開示と異なり継続開示では発行会社は，故意・過失がないことを証明できれば，責任を負いません（21条の2第2項）。

5.3.3 発行会社の損害賠償額

(1)推定規定
発行会社の損害賠償責任については，投資者の側が損害額を立証すること

が容易でないことに配慮して，推定規定が設けられています。虚偽記載等の1か月前に株式を取得し公表日に引き続き株式を保有している投資者については，虚偽記載等が公表された日を基準にその前後1か月の株価の平均額の差額を損害額と推定することができるとするものです（21条の2第3項）。損害額は発行開示の虚偽記載の際の損害賠償額（19条1項）が上限となります（⇒5.2.2項）。

(2)公表概念

公表日に株価が下落するので，公表前との差額が原則的に虚偽記載等に起因する損害であるとの考えに基づくものです。公表主体は多くの場合，発行会社ですが，加えて発行会社の「業務若しくは財産に関し法令に基づく権限を有する者」により，多数の者が知りうる状態に置かれた場合も含まれます（21条の2第4項）。たとえば，金融機関である上場会社を考えると，監督官庁である金融庁は会社の虚偽記載等に基づく処分などを公表することがありえます。検察官もこれに含まれるとするのが判例の立場です（**ライブドア損害賠償請求事件**；最判平成24・3・13民集66巻5号1957頁）。

(3)因果関係を立証した上での損害賠償

推定規定は損害額の立証が容易でないことを理由に設けられていますが，損害を被った投資者は虚偽記載等と因果関係のある損害を立証することで賠償請求をすることも可能です。判例では，因果関係のある損害がすべて含まれるとして，投資者が当該株式の売買により被った損害で，虚偽記載等と因果関係のある損害を賠償する必要があるとしています（上記ライブドア損害賠償請求事件最高裁判決）。

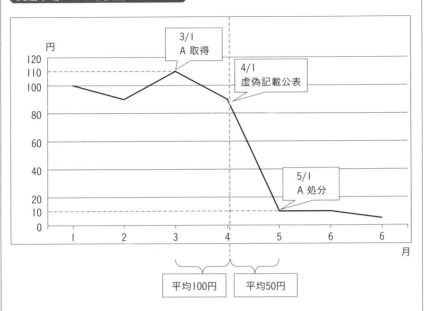

流通市場における損害のイメージ

（具体例）

　P社は継続開示書類に虚偽記載を行った旨を4月1日に公表したところ，それまでの1か月間株価が平均100円であったのに対し，公表後の1か月間の株価の平均は50円となった。投資者Aは，3月1日にP社の株式を110円で取得し5月1日に10円で処分したとする。この場合，推定規定を用いると，100−50＝50円が損害と推定される。また，Aはより多額となる取得額から処分額を差し引いて，110−10＝100円を虚偽記載による損害と主張することも可能である。

⑷発行会社の反証等

　投資者が損害の推定規定や因果関係ある損害を証明するに当たり，会社の株価の下落を理由にする場合，発行会社は当該株価下落が虚偽記載等以外の理由で生じたことを証明すれば，損害額の減免を受けることができます（21条の2第5項）。また，裁判所は損害の立証が困難と認められる場合に自ら損害額の減免をすることができます（21条の2第6項）。

Column　非財務情報における「重要な事項」の虚偽記載

　法定開示書類に虚偽記載などがあった場合，発行会社や役員などの関係者は本文で説明した民事責任のみならず，刑事責任を負ったり行政上の不利益処分（課徴金）を課されたりすることがあります。これらの責任に共通するのは，「重要な事項について虚偽の記載」があるという要件です。一般的には投資者の投資判断に影響がある事項と解されていますが，真実が開示されたなら投資者は異なる判断をしていたもの，あるいは株価を変動させるものといってもよいでしょう。有価証券報告書の記載事項だからといって直ちに「重要な事項」になるわけではありません。粉飾決算のような財務情報の虚偽記載であれば，概ね粉飾の程度で判断されますが，非財務情報の場合は重要な事項か否かの判断が容易ではありません。

　非財務情報の虚偽記載の裁判例として，西武鉄道事件（最判平成23年９月13日民集65巻６号2511頁）では，大株主の虚偽記載が問題となり，日産自動車役員報酬虚偽記載事件（東京地判令和４年３月３日資料版商事法務458号123頁）では，役員報酬の虚偽記載が問題となりました。

　判例・学説において十分な議論がなされていないので難しい問題ですが，「重要な事項」のハードルをあまり低くしすぎると，刑事責任等を負うことを怖れる上場会社関係者の情報開示姿勢を委縮させる恐れがある点には十分に注意する必要があるでしょう。

Discussion　　　　　　　　　　　　　　　　　　　　　　議論しよう

　Ｙ社は過年度の有価証券報告書に虚偽記載の可能性があり第三者委員会でさらに調査する旨を適時開示しました。その後，株式を取得した投資者は，虚偽記載により被った損害の賠償を会社に対して求めることができるでしょうか（大阪地判令和２年３月27日判時2455号56頁参照）。

第 **3** 章 企業買収の規制

Learning Points

▶投資者（株主）の取得・保有する株式の数が一定数を超えると，発行会社ではなく投資者の側が規制を受けることになります。それが本章で学ぶ大量保有報告制度・公開買付制度です。

▶大量の株式を取得・保有すると規制を受ける主たる理由は，それが発行会社の支配に関わるからです。取引の公正確保や少数派保護の見地から，大株主の情報を透明化するとともに，大量の株式が取引される過程において，大株主になろうとする者に一定の手続きを遵守させるものとなります。

Key Words

会社の支配権取引　投資者側の開示義務　開示規制と手続規制
法の実効性

1 総　論

1.1 規制の必要性

1.1.1 情報開示規制という位置付け

　第2章で扱った企業内容開示規制は，発行会社に対して企業情報などの情報開示を求めるものでした。本章で扱う公開買付制度と大量保有報告制度は，大量の株式を保有したり取得しようとする投資者（プロ投資家が一般的でしょう）の側に情報開示を求めたり，一定の取引方法を義務付けたりするものです。投資家が大量の株式を保有したり，売買したりすると規制を受けるのはなぜでしょうか。主たる理由は，それが発行会社の支配権に関わるか

らです。会社経営に影響を与える大株主が誰であるのか，どのような目的で株式を保有しているのかなどは，発行会社の投資者が大きな関心を持つはずです。金商法の構成上は第2章「企業内容等の開示」の次に第2章の2「公開買付けに関する開示」，第2章の3「株券等の大量保有の状況に関する開示」として情報開示規制として位置付けられているのは，以上の点から理解できます。本章では金商法の条文の順序と異なり，公開買付制度よりも大量保有報告制度を先に説明します。大量保有報告制度は情報開示規制的要素が強く企業内容開示規制に続けて説明するのが適当と考えるからです。

なお，近時の資本市場における環境変化を踏まえて，金融庁では大量保有報告制度・公開買付制度の見直しが議論されており，大きな法改正が行われることになりそうです。

1.1.2 買収規制という性質も

公開買付けについては近年の改正により情報開示と異なる規制が相次いで導入されていることに注意が必要です。これは，公開買付けには企業買収の手続きの規制という側面もあるからです。歴史的に見ると敵対的買収が頻発した時期に，これらのルールが作られていることが分かりますが，今日においても，買収規制という性格は維持されています。

支配権が変動する場合には，それに伴って株価が大きく動くのが通例です。大量の株式を買い集めるには，市場価格よりも高値で買う（「プレミアムを付ける」という）必要があることに加えて，支配株主により経営方針などが変更される可能性があるからですが，ここでも一定のルールが必要となります。これから大量の株式が取得されようとする局面においては，前章で見た募集・売出しの反対で，投資者は大口の買い手に売るべきかどうかの判断を迫られるということです。この場合には，買い手側から対象会社の投資者へ判断材料を提供させる必要がありそうです。市場外で取引が行われるのであれば，売買を適正にするための規制も必要となります。

図表 3 - 1 ▶ ▶ ▶ 支配株主情報

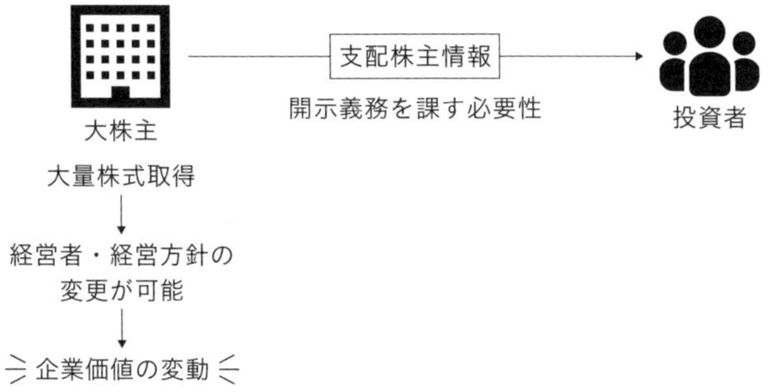

大株主

大量株式取得
↓
経営者・経営方針の
変更が可能
↓
⤳ 企業価値の変動 ⤲

支配株主情報
開示義務を課す必要性

投資者

1.2 規制の対象

1.2.1 対象会社

　企業内容開示規制の対象となる会社の支配権の所在・変動が主たる関心事であることから，ここで規制対象となるのは，基本的に上場会社の株式です（公開買付けの場合は，有価証券報告書提出会社にまで対象が広がります）。

1.2.2 議決権の割合

⑴株券等保有割合と株券等所有割合

　企業内容開示規制では，株式をはじめとする有価証券の募集・売出しなどが主たる規制対象となり，株式に議決権があるか否かは問われません。これに対して，公開買付規制・大量保有報告規制は，支配権に関わる株式の取得・保有に着目するので，議決権の数・比率が問題となります。公開買付規制にせよ大量保有報告規制にせよ，保有株数あるいは取得予定の議決権数が一定基準を超える場合に，規制がかかってきますが，基準値計算においては，大雑把にいうと，議決権のない株式は除外し新株予約権のように潜在的株式は算入されることになります。公開買付規制では「**株券等所有割合**」（27 条の 2 第 8 項），大量保有報告規制では「**株券等保有割合**」（27 条の 23 第 4 項）という特殊な概念が用いられています。両者は若干の違いはあるものの，ほ

ぼ同じものと考えてよいです。株券等所有割合は議決権で計算するのに対して，株券等保有割合は株数で計算しますが，その場合も議決権のないものは除くため，株券等所有割合と大きく異なりません（大量保有府令3条の2。ただし，自己株式・子会社保有株式は分母の総数の側には算入される）。議決権のある株式について，総議決権数・株式数を分母に所有議決権数・保有株数を分子にして計算することになります。新株予約権などの潜在株式も一定のルールで算入されます。大量保有報告制度の株券等保有割合は現在保有する株式数を基礎に計算しますが，公開買付けの要否を決める株券等所有割合は，現在保有する議決権数ではなく買付け後に買付者が有することになる議決権数を分子にする点は，注意を要します。本章で単に株式という場合，原則として議決権のある株式を指し，株式の取得・保有比率も株券等保有割合・株券等所有割合のことを指します。

株券等保有割合

$$\frac{\text{「保有者・共同保有者が有する株式数」}+\text{「保有者・共同保有者が有する潜在株式数」}}{\text{「発行済株式総数」}+\text{「保有者・共同保有者が有する潜在株式数」}}$$

自己株式は入る

買付けの結果所有することになる
株式等の議決権数を含む

株券等所有割合

$$\frac{\text{買付者および特別関係者の所有株式・潜在株式の議決権数}}{\text{「総株主等の議決権数」}+\text{「買付者および特別関係者が有する潜在株式の議決権数」}}$$

(2)実質的影響力

　投資者どうしが一定の関係にある場合，その者たちを一体と捉えて規制を加える必要があります。公開買付けの株券等所有割合の計算においては，特別関係者の保有分を株券等所有割合に追加し，他方で特別関係者間の譲渡は公開買付けの適用が除外されます（27条の2第1項など）。大量保有報告制度においては，類似の目的で共同保有者という概念が設けられていますが詳細は後述します。

1.3 　法の実効性確保

　大量保有報告制度も公開買付制度も，違反者に対して刑事罰が科されるなど，法令を遵守させる仕組みは用意されています。しかし，規制当局がすべての法令違反を監視することはできません。企業内容開示の虚偽記載等であれば，書類を提出する上場会社などをチェックすれば足りますし，違反に対しては民事責任を追及することも可能です。

　これに対して，大量保有報告制度や公開買付制度では，規制対象は一般の投資者であり特定されているわけではありません。支配権争いは時間との勝負という側面がありますが，違反者に対して適時に罰則等の制裁が加えられるわけでもありません。だからといって，対象会社やその株主が違反者に対して法的手段を採ることもできません。このような理由から，大量保有報告制度・公開買付制度の法の実効性をどのように確保するかは重要な論点になっています。

2 　大量保有報告制度

2.1 　規制趣旨

2.1.1 　企業内容開示規制の限界を補う制度

⑴企業内容開示における大株主等の開示

　発行会社に影響力を持つ株主の情報を開示すべきであるとの趣旨に合理性は認められますが，既にそのような情報開示の規制は存在しています。以下にあるように，「大株主」「主要株主」「親会社」に該当する場合には，企業内容開示規制で開示することとなっているからです。

　　①　有価証券報告書などの「企業情報」

　　「大株主の状況」として上位10名程度までの大株主を開示することが

求められています。

② 臨時報告書（開示府令19条2項4号）

　議決権比率が10％以上の主要株主（163条1項）の異動があった場合に開示事項とされています。

③ 親会社等状況報告書（24条の7）

　上場会社の議決権の過半数を持つ親会社が事業年度ごとに，一定の情報開示を求められています。

⑵限　界

　ところが，既存の制度では大株主などの情報が必ずしも十分に開示されるわけではありません。③の親会社等状況報告書は，非上場の親会社が対象となるなど適用範囲は極めて限定的です。①②については，発行会社ですら株主の状況を正確に把握しているわけではありません。とりわけ②については，上場会社の株式が電子化されてから，株主の異動は発行会社の株主名簿ではなく，証券保管振替機構を介して手続きがなされているため，発行会社は適時に大株主を把握することはできません。①の「大株主の状況」で記載される大株主の所有株式数は，「他人（仮設人を含む。）名義で所有している株式数を含めた実質所有により記載すること」が求められています（開示府令第3号様式・記載上の注意（25））。しかし，発行会社が実質所有の保有株数を把握する手段はほとんどありません。

　実質上の大株主等を正しく明らかにするには，大株主等の側に情報開示を義務付けるほかありません。大量保有報告制度があることにより，企業内容開示規制における大株主・主要株主の開示が実効的になるということもできます。個々の株主の株主名簿等における形式的な保有株数ではなく，実質上議決権行使に影響を与えることができる株数という実質基準で報告義務を課して，支配の所在を明らかにしようとしている点は，大量保有報告制度の大きな特徴といえるでしょう。

　金商法上においては第4章3.8項で説明する，短期売買利益の返還に係る規制において
も主要株主が規制対象となっています。こちらは自己・他人名義を問わず10％以上の議
決権を有する株主を意味し形式上の議決権数で判断されます（163条1項）。その地位な
どにより取得した秘密を不当に利用することを防止するのが目的であれば，ここでも実質
基準を採用しない理由はないと思われますが（母法のアメリカ法はそうなっています），
他方で実質基準を採ると主要株主が報告義務を負う範囲が不明確となり実務上厄介な問題
が生ずるのかもしれません。

2.1.2　大量保有報告制度の意義・趣旨

⑴支配権の透明化

　既に述べたとおり，大株主・主要株主の開示を実効的にするには，企業内
容開示規制に加えて株主の側にも報告義務を課す必要があります。株式の価
値を評価するに当たり，発行会社の大株主の身元等の情報を，実質ベースで
開示させる意義は小さくないですが，そのためだけに大量保有報告制度があ
るわけではありません。取引から5営業日以内という速さで開示されるの
は，単に支配権の所在を明らかにするのみならず，大量保有者による株式の
取得・処分に関する情報を迅速に開示させることにより，情報に基づいた適
切な投資判断を投資者らに促すものといえます。

⑵支配権争奪の過程の透明化

　後述する公開買付けは短期間で支配権の移転が生ずるものですが，原則と
して市場での株式取得は対象外とされています。しかし，会社の支配権の移
転が投資者保護との関係で重要であるというのなら，中長期間に少しずつ株
式を取得して，特定の会社の支配権を獲得しようとする者についても，その
過程を透明化しておくべきでしょう。大量保有報告制度には，支配権争奪過
程の透明化という趣旨もあり，買収者・経営側のいずれにも有利とならない
よう規制の中立性に配慮がされています。このような見方からすると，大量
保有報告制度は，支配権の変動について，公開買付制度を補完する側面もあ
るといえます。

株式の需給情報の提供は規制趣旨か？

　日本では，大量保有報告制度について株式の需給情報の提供という点からも規制趣旨が説かれることが多いです。しかし，それでは議決権のある株式だけが規制対象となることは説明がつきません。需給情報を規制趣旨としてきた理由については，３つが推測されます。

　１つは対象会社の支配目的を欠いた機関投資家の報告義務（特例報告）を根拠付けるために，需給情報の提供という趣旨を入れたのではないか，ということです。しかし，純投資目的の機関投資家といえども大量の議決権を有している以上，総会などにおいて議案の成否に関わることもあり，その意味では対象会社に大きな影響力を有する株主を開示すべきだという点から説明できます。

　第２に，かつては自己株式についても大量保有報告書を提出する義務がありました。自己株式には議決権がなく支配権とは無関係であるため，当時の制度を合理的に説明するには，需給情報の提供という趣旨を入れる必要がありました。ところが，自己株式の大量保有報告義務は2014（平成26）年度の金商法改正で撤廃されたため，自己株式の報告義務を根拠付けるために需給情報の開示という規制趣旨を入れる必要はなくなりました。

　第３は，取得資金を報告事項としている点です。大株主の資金源を開示させる理由として，高金利で調達した資金で株式を取得保有した株主は金利負担に耐えられなくなると，株式を大量に市場で売り出す可能性があり，それゆえ需給情報として取得資金も開示させるべきだというものがあります。しかし，取得資金の開示については大株主の背後者を明らかにするため，という従来なされてきた説明でも足り，敵対的買収者が市場で売りに出すか否かも，買収の成否にかかっているので，支配権に関わる情報提供という規制趣旨で足ります。支配権争奪過程における対象会社の株式の需給の予測可能性確保という意味合いが認められないわけではないですが，主たる趣旨とは言い難いです。

2.2 規制内容

2.2.1 はじめに

　大量保有報告制度の概略は，5％を超えて株式を取得した者は，その事実を含めて一定事項を開示しなくてはならない，というものです。後述する公開買付けと異なり，買付けの手続きを規制するのではなく，一定数の株式を取得・処分した旨の開示を求める規制です。計算方法の基礎となる株券等保有割合については，既に説明しました（⇒1.2.2項）。

図表3−2 ▶▶▶大量保有報告書の開示

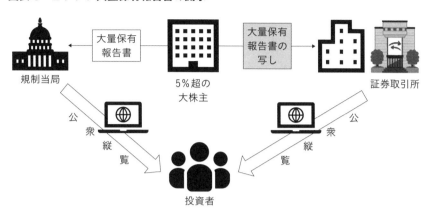

2.2.2 開示手続き

　大量に株式を保有することとなった大量保有者は，5営業日以内に**大量保有報告書**を国（関東財務局）に提出し（27条の23第1項），その写しを発行会社と証券取引所に送付し，国および取引所は，それを公衆縦覧します（27条の27，27条の28）。その後，保有比率が1%変更したり，大量保有報告書に記載すべき重要な事項の変更があれば，**変更報告書**を提出しなくてはなりません。

図表3−3 ▶▶▶保有比率の変更と開示

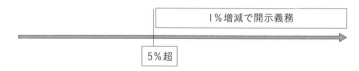

2.2.3 報告書の開示内容

　報告書に記載するのは，発行者，株式を取得した株主に関する情報，株券等保有割合，保有目的，取得資金に関する情報などです（27条の23第1項，大量保有府令第1号様式）。

2.2.4 実質取得・保有

実質的な支配権の所在を明らかにすることが目的であるので，形式上の株主ではなく，議決権を行使しうる権限を有する実質上の株主が開示されます（27条の23第3項）。そのため，次に説明するような，共同保有者についても開示が求められています。

2.3 共同保有者

2.3.1 趣 旨

会社の支配権を取得するのは，単独の者によるとは限りません。複数の人・法人等で会社の支配権を取得する場合には，それらの集団の有する株券等保有割合等を明らかにした方が望ましいでしょう。そこで，大量保有報告制度では株式等の取得・譲渡あるいは，議決権の行使などを，共同して行うことを合意している関係にあれば，**共同保有者**として，合算して報告することが求められています（27条の23第4項・5項）。

図表3-4 ▶▶▶共同保有者は合算して報告

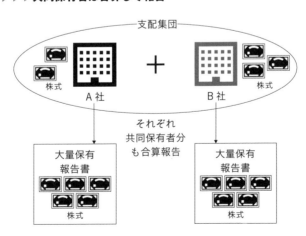

　コーポレートガバナンスにおいては，機関投資家による上場会社との間の建設的な対話が重要になってきています。投資先企業に効果的に影響力を行使するためには，イギリスでなされているように複数の機関投資家が集まって行う「協働エンゲージメント」が注目されています。ところが，単なる話し合いを超えて議決権行使の合意などをすれば，日本の大量保有報告制度では「共同保有者」に該当することになり，機関投資家の事務負担を大きくするため，協働エンゲージメントは事実上行われていないに等しいといってよい状況にあります。そこで，共同保有者概念を再定義し，協働エンゲージメントを促す法改正をしようという動きがあります。

2.3.2　みなし共同保有者

　共同保有者の報告義務については，共同して議決権を行使すること，共同して株式を取得することなど，多くの場合当事者しか知り得ない事情を前提として制度が成り立っており，第三者がそれを立証することは困難である場合が少なくありません。そこで，一定の関係にあれば当然に共同保有者とみなす，「**みなし共同保有者**」という概念が設けられました（2.3.1項のような場合は「実質共同保有者」と呼ばれます）。これによると，親子会社・兄弟会社，夫婦・親子などの密接な関係にある者については，当然にもう一方の者の保有株式を合算して報告することが求められています（27条の23第6項）。

図表 3−5 ▶ ▶ ▶ みなし共同保有者

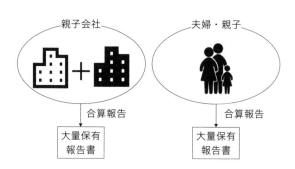

2.4 一般報告と特例報告制度

　大量保有報告制度には，これまで説明した一般報告のほかに**特例報告制度**というものがあります（27条の26第1項）。これは，機関投資家のように頻繁に大量の株式の売買を行う者を対象として，その負担に配慮した制度です。一般報告では，5営業日以内に大量保有報告書・変更報告書を提出する義務がありますが，特例報告では月に2回（以上）設けられる基準日から5営業日以内に報告書を提出すれば足ります（27条の26第3項）。実際の特例報告を見る限り，ほとんどの会社は15日と月末を基準日としているようです。この制度を利用するメリットは，報告頻度が少なくなるほか，変更報告が2つの基準日間の変更に基づくため，たとえば基準日間に5％から7％に増加し，また5％に戻ったとしても変更報告書の提出は不要となる点にあります。

　その制度趣旨から特例報告を利用できるのは，証券会社や銀行・保険会社などの機関投資家に限られます。ただし，10％を超えれば特例報告は利用できず，一般報告によらなくてはなりません。また，純投資を目的としている機関投資家の売買に配慮した制度であるため，発行会社の事業活動に重大な影響を及ぼす行為（重要提案行為）を行う目的を持っていれば機関投資家であっても特例報告は利用できません。**重要提案行為等**とは，重要な財産の処分・譲受けや代表取締役の選定・解職など，会社の重要事項を提案する行為をいいます（施行令14条の8の2第1項）。

Column　ウルフパック戦術と法の実効性

　複数の投資家が互いに意思を通じながら，報告義務を下回る5％以下の株式を取得・保有するなどして，対象会社の支配権獲得を狙うことがあり，これは「ウルフパック戦術」と呼ばれています。本来であれば，協力関係にある投資家は共同保有者として報告義務を負うはずですが，規制当局の手が回らず，事実上違法行為が放置されています。支配権を狙われる上場会社や実務家・研究者からは，大量保有報告制度の実効性確保を求める声が挙がっています。

3 / 公開買付制度

3.1 概要と規制趣旨

3.1.1 公開買付けとは

　投資者は，市場取引により株式を取得するのが一般的ですが，市場外で株式を取得することも，もちろんできます。たとえば，相対取引で大株主から直接株式を買い付けることもあれば，新聞やインターネットで不特定多数の株主に呼びかけて買い付ける方法もありえます。後者による株式の買付方法を，**公開買付け**の基本的なイメージと捉えるとよいでしょう。すなわち，「不特定かつ多数の者に対し，公告により株券等の買付け等の申込み又は売付け等…の申込みの勧誘を行い，取引所金融商品市場外で株券等の買付け等を行うこと」（27条の2第6項）というものです。大量に株式を取得するような場合には，取引所を通じて取得するよりも市場外の方が，株価を著しく高騰させずに必要な数の株式を入手できるなど都合がよいことがあります。

　法律上は公開買付開始公告を行った者が**公開買付者**ですが（27条の3第2項），公開買付けを行う者を公開買付者と考えて差し支えありません。公開買付けの対象となる会社は法律上「対象者」と称されていますが（27条の10第1項），第1章でも述べたとおり，本書では一般的な呼称である「対象会社」を採用します。

　規制上は発行会社が自社の株式に公開買付けを行う自社株公開買付けとそれ以外の他社株公開買付けとが区別されますが，自社株公開買付けは基本的に他社株公開買付けの規定を準用しているので，本書では他社株公開買付けを中心に説明します。

　公開買付規制は，①いかなる手続きが求められているのか，②一定の要件を満たした大量の株式を取得する場合には，公開買付けによらなくてはなりませんが（この制度は「**強制的公開買付け**」と称されることがあります），

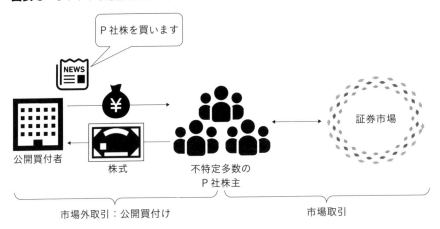

それはいかなる場合か，という 2 つに分けて理解することがポイントとなります。公開買付けが情報開示規制という位置付けを金商法上与えられているのは，前者の公開買付手続きにおいて，一定の情報開示が公開買付者に求められていることを踏まえたものです。公開買付けの情報開示を企業内容開示と比較すると，開示主体は発行会社ではなく投資者であることなど違いが大きいことも分かります。また，保有株式が公開買付けの対象となった投資者は，理論的には公開買付けに応ずる者と残存を希望する者とに区別できますが，両者で必要となる情報は必ずしも同じではありません。

　近年の改正では，強制的公開買付けの重要性が高くなってきており，公開買付制度を企業内容開示規制の延長で情報開示の制度として捉えることは，誤って理解することになりかねないので注意しましょう。

3.1.2 規制趣旨

　公開買付けの規制趣旨は，対象会社の株主のうち，市場外で株式を売り付ける者の保護と残存する株主の保護とに分けて考えると分かりやすいです。もちろん，対象会社の株主が，売り手を選択するか残存を選択するかは，開示される情報次第であるため，便宜上の区別ではあります。

⑴対象会社の株式の売り手保護

株式を取得するに当たり，どのような手段を採るかは原則として自由です。市場で取得するか市場外で取得するか，市場外で取得するとして，特定の者から取得するか不特定多数から取得するか，対価をどのように設定するかなどは，当事者どうしの契約自由に委ねればよいはずです。市場取引における売買は取引の透明性や決済の確実性が確保されています。これに対して，市場外の売買では取引は不透明になされる危険があり，決済も確実に行われるとは限らず，投資者が詐欺的な取引の犠牲になるおそれがあります。そのため，公開買付規制では売買価格や売買期間など取引の重要情報を開示させるとともに，条件の変更に制限を加えています。相対取引など限られた数の株主からの取得であれば，売り手も交渉力を有すると考えられ保護する必要性は高くありませんが，一定数を超えると法により売り手保護を図る必要があります。

⑵対象会社の投資者（株主）保護

新たに支配株主となる者がいるのであれば，当該会社の株主はその意図を知りたいでしょうし，会社の今後の経営方針や上場廃止の可能性についても明らかにしてもらいたいと考えるでしょう。そこで公開買付規制では，一定比率を超えて議決権を取得する公開買付者は，相対で取得するのではなく，かならず公開買付けの手続きによって，一定の情報を開示することが要請されます。それと同時に，特別決議を通すことのできる多数の株式を取得する者については，そのような取得をするに当たり，対象会社の他のすべての株主に対して相当の対価で会社を出ていく自由を認めるべきでしょう。

ただし上述の規制趣旨は，市場取引の場合は大量の株式を取得しても原則として規制の適用対象とされないなど，必ずしも徹底されているとはいえません。

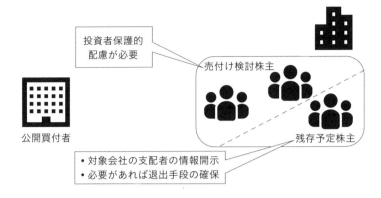

⑶特別関係者と各基準値

　既に述べた株券等所有割合を計算するに当たっては，特別関係者の有する議決権等も算入されます。特別関係者とは，公開買付者が会社である場合に，その会社の議決権の 20％以上を所有するもの（27 条の 2 第 7 項 1 号），買付者と共同して株式の取得等する者がこれに当たります（27 条の 2 第 7 項 2 号）。公開買付けが強制される場合は，取引所外で 5％超を取得する場合（以下「**5％基準**」と呼びます）と 3 分の 1 超を取得する場合（以下「**3 分の 1 基準**」と呼びます）に大別されます（後述するように，3 分の 2 を超えて取得する場合にも一定のルールが定められているので，こちらについては「**3 分の 2 基準**」と称しておきます）。

3.2 規制内容

3.2.1 手続き

　対象会社を P 社，公開買付者を Q 社として求められる手続きを見てみましょう。Q 社は，まず**公開買付開始公告**を行います。日本経済新聞に公告を掲載することが多いのですが，近年は電子公告（EDINET）が利用されることが多くなっています（施行令 9 条の 3）。この方法による場合は，電

図表3-8 ▶▶▶ 公開買付けの手続の流れ

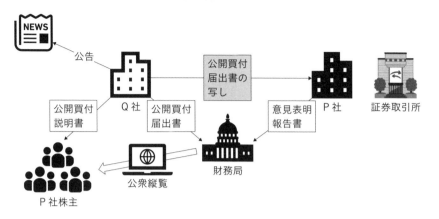

子公告アドレスなどを新聞に掲載すれば足りコストを削減できます。あわせて，Ｑ社は公開買付開始公告を行った同じ日に，**公開買付届出書**を国（関東財務局）に提出しなくてはなりません（27条の３第２項）。公開買付届出書は，公衆縦覧されます（27条の14）。また，Ｑ社は公開買付届出書の写しをＰ社と取引所に提供し，さらにＰ社の株主等に対して，**公開買付説明書**を作成して交付します（27条の９第１項・２項）。Ｑ社から公開買付けを受けたＰ社は，当該公開買付けに対する賛否等を，**意見表明報告書**（27条の10第１項）に記載して財務局に提出し，これが公衆縦覧されることにより，投資者らはＰ社経営陣の意向を知ることができます。以上の手続きは，主として公開買付けの売り手となる投資者の利益を情報開示により図るものと見ることができるでしょう。

　さらに，Ｑ社は公開買付期間の終了後に，その結果を公告するとともに，**公開買付報告書**を関東財務局に提出します（27条の13第１項・２項）。また，公開買付けの応募申込みをした株主に対して，**公開買付通知書**（27条の２第５項，施行令８条５項１号）を送付することが求められています。

　公開買付規制は，本来的には公開買付開始公告などで一般に知られることを前提にしていますが（正確には公開買付けの実施を決定した旨の適時開示が開始公告に先行），現実には対象会社の同意を条件とするなどして公開

```
┌─────────────────────────────────────────────────────────────────┐
│                        公開買付開始公告                            │
│                                              ×× 株式会社           │
│  1  本公開買付けの目的                                            │
│   (1)  本公開買付けの概要                                         │
│   (2)  本公開買付けの実施を決定するに至った背景，目的及び意思決定の過程  │
│   (3)  本公開買付け実施後の経営方針                               │
│   (4)  対象者における本公開買付けの公正性を担保するための措置        │
│   (5)  本公開買付けに係る重要な合意等                             │
│   (6)  本公開買付け後，対象者の株券等を更に取得する予定の有無        │
│   (7)  上場廃止となる見込みの有無について                         │
│                                                                   │
│  2  公開買付けの内容                                             │
│   (1)  対象者の名称                                               │
│   (2)  買付け等を行う株券等の種類                                 │
│   (3)  買付け等の期間                                             │
│   (4)  買付け等の価格                                             │
│   (5)  買付予定の株券等の数                                       │
│   (6)  買付予定の株券等に係る議決権の数が対象者の総株主等の議決権の数に占める割 │
│        合                                                         │
│   (7)  公告日における公開買付者の所有に係る株券等の株券等所有割合及び公告日にお │
│        ける特別関係者の株券等所有割合並びにこれらの合計           │
│   (8)  買付け等の後における公開買付者の所有に係る株券等の株券等所有割合並びに当 │
│        該株券等所有割合及び公告日における特別関係者の株券等所有割合の合計 │
│   (9)  応募の方法及び場所                                         │
│   (10)  買付け等の決済をする金融商品取引業者又は銀行等の名称        │
│   (11)  決済の開始日                                              │
│   (12)  決済の方法及び場所                                        │
│   (13)  株券等の返還方法                                          │
│   (14)  その他買付け等の条件及び方法                              │
│                                                                   │
│  3  対象者又はその役員との本公開買付けに関する合意の有無          │
│                                                                   │
│  4  公開買付届出書の写しを縦覧に供する場所                        │
│                                                                   │
│  5  公開買付者である会社の目的，事業の内容及び資本金の額          │
└─────────────────────────────────────────────────────────────────┘
```

買付けを提案する**予告 TOB** が行われることがあります。風説の流布などに該当する場合は別として，真摯に行われるものであっても，対象会社の株価に大きな影響を与えるものであり，完全に放置してもよいのかは議論になっています。

3.2.2 記載内容

公開買付届出書と公開買付説明書は実質的には同一の内容であり，公開買

付開始公告は，その簡略版といってよいでしょう。公開買付届出書で記載が求められているのは公開買付けの目的，買付価格などを含む公開買付けの内容等です（27条の3第2項）。簡略版の公開買付開始公告では，概ね以下のような記載項目があります（27条の3第1項，他社株府令10条）。

　記載事項のうち主要なものについて，以下説明を加えます。

(1)買付目的

　公開買付届出書などでは，公開買付けの目的の記載が求められ（27条の3第2項3号），支配権取得を目的とする場合に，たとえば，公開買付け後に組織再編手続きにより対象会社を完全子会社にすることなど，支配権取得後の経営方針について具体的に記載することが要求されています（他社株府令・第2号様式記載上の注意(5)参照）。買付けに応ずると残存するとを問わず，対象会社の株主にとって，公開買付けの結果，対象会社の株式が上場廃止になるか否かは重要な関心事であるので，それについて公開買付者の計画・見込みが開示されることになります。

(2)買付価格

　公開買付価格については，すべての応募株主等について均一にすることが求められています（27条の2第3項）。公開買付者はなるべく安価に対象会社株式を取得したいのでプレミアムは低く抑えたいでしょうが，それでは予定していた数の株式を集めることができないリスクを負うことになります。市場価格に30％前後のプレミアムを付けるのが一般的です。公開買付けが公表されると，対象会社の株価は多くの場合，公開買付けが終了するまで公開買付価格にさや寄せ（価格差が小さくなること）して値動きが小さくなります。ただし，金商法上買付価格に制限はなく，市場価格を下回った買付価格で公開買付けがされることもあります（いわゆる**ディスカウント TOB**）。これは，他の株主が公開買付けに参加することを回避し，相対で全株式を譲渡するための手段として用いられます。

(3)買付予定株券数

　公開買付者は，原則として応募してきた株式すべての買付けに応じなくてはなりません（27条の13第4項柱書）。しかし，公開買付開始公告等で一

部についてのみ買付けに応ずると記載しておけば，部分的公開買付けをすることが可能です（ただし，全部買付義務⇒3.3.3項）。

この場合，公開買付届出書には，買付予定株券数の上限を記載しなくてはなりません（27条の13第4項2号）。また，買付株券数の下限も公開買付開始公告等の記載事項で，それに満たない場合には，応募株式全部の買付けに応じないとの条件を付けることは可能です（27条の13第4項1号）。

公開買付者が対象会社を子会社化する予定であれば，買付株券数に上限を設定しないのが通常であり，相当数の株式の買付けに成功すれば，組織再編を待たずに，上場廃止事由に当たります（上場廃止⇒第6章）。かりに公開買付者が対象会社を完全子会社化せず，公開買付け後も対象会社の上場を維持するのであれば，買付上限が設定されます。一般に買付予定株券数に上限を設けないものを**全部買付け**，上限を設定するものを**部分買付け**と呼びます。

⑷買付期間

買付期間については，20営業日以上60営業日以内としなくてはなりません（27条の2第2項）。あまりに短ければ，投資者が売り付けるか否か熟慮できないからであり，逆にあまり長期間とすれば発行会社の株主等が不安定な立場に置かれることになるからです。市場の価格形成という点でも，本来であれば，様々な材料で上下するはずの対象会社の株価が，長期にわたり公開買付価格近くで固定されるとすれば，望ましくないことは理解できるでしょう。ただし，訂正届出書が提出された場合には，その周知のために期間を延長する必要があるほか（施行令13条2項2号イ），対抗的な公開買付けが行われた場合には，期間の延長が認められています（施行令13条2項2号ロ）。また，発行会社が期間の延長請求をすることも認められています（27条の10第2項2号）。

⑸公開買付代理人・公開買付事務取扱者

市場外で株式の売買が行われるときに最も懸念されるのが，売付側の投資者が株式を渡しても買付者から代金が貰えないことです。そこで，株式の保管や代金の支払いなど決済等の事務は，公開買付けに関わる取引の安全の見地から，証券会社や銀行等に行わせることとなっています。公開買付者は，

公開買付事務取扱者あるいは**公開買付代理人**を設置し，それを開示することになっています（27条の2第4項）。公開買付開始公告の「応募の方法及び場所」には，多くの場合公開買付代理人が記載されますが，公開買付者を代理して買付けも行う公開買付代理人が，事務取扱業務を行っているのが一般的です。

Column	**公開買付けと一般投資者の売買**

公開買付代理人は大手証券会社が就任することが多いですが，多くの一般投資者は公開買付代理人にはならないネット証券会社を利用しています。彼らが公開買付けに応ずるには，公開買付代理人の証券会社に口座を開設して保有株式を移管する等，煩雑な手続きが求められます。そのため，一般投資者は実際には公開買付けに応ずるのではなく，保有株式を公開買付価格近辺で市場売却する者が大部分です。3.3.3項で説明する全部買付義務は，立案担当者によると「公開買付けを行った後の株券等所有割合が一定割合以上となる場合には，上場廃止等が視野に入ってくることとなり，手残り株を抱えることとなる零細な株主が著しく不安定な地位に置かれることが想定される」（池田唯一ほか編著『新しい公開買付制度と大量保有報告制度』（商事法務，2007年）95頁），との理由から設けられた制度ですが，現実には零細な株主は手残り株を抱える前に市場で売却しています。ただし，全部買付義務があると，裁定取引が行われることにより，公開買付け後の対象会社株式の市場価格が公開買付価格とほとんど同じ水準にまで引き上げられるので，その意味において全部買付義務は零細株主の利益を保護しているといえます。

(6)条件の設定・変更等の制限

公開買付けに条件を設定することができるのは，一定の場合に制限され，それ以外に条件設定は認められません（27条の13第4項）。多様な条件が設定されると，公開買付けが行われるか否かの予測が立てられず，対象会社の株主を不安定な立場に置き，対象会社の株価形成が不適正となるおそれがあるからです。

条件設定が認められる場合も，応募株主に不利となる不利益変更は許されません。具体的には，買付価格の引下げ，買付予定株数の減少，買付期間の短縮などであり，これら以外の変更は原則として認められます（27条の6）。

⑺撤回の制限

　条件の変更が認められないのと同じ理由で，公開買付者は，公開買付開始公告後に公開買付けの申込みを撤回することは原則としてできません。ただし，公開買付けが敵対的買収としてなされて会社が防衛策を発動した場合など一定の場合に限っては，撤回が認められています（27条の11第1項，施行令13条・14条）。

3.2.3　別途買付けの禁止

　次に見るように一定数を超える株式取得の場合には，公開買付けが強制されており，公開買付けでは買付価格を均一にすることなどが求められています。ところが，公開買付けによらず買い付けることを認めてしまうと，これらの規制が潜脱されてしまいます。そこで，公開買付者や特別関係者などは原則として，公開買付期間中に公開買付け以外の方法で対象会社の株式を買い付けることが禁じられています（27条の5）。

3.3　強制的公開買付規制

3.3.1　5%基準

　取引所外で5%超の株式を取得する場合には，原則として公開買付けによらなくてはなりません（27条の2第1項1号）。5%という数値は，大量保有報告制度に合わせたものですが，この要件に基づいて公開買付けが強制される例は，まず見られません。なぜなら，5%基準は多数の者から市場外で買い付ける場合に限られますが，実務上そのような事例は考えにくく，10名以下の少数者からの取得であれば，適用が除外され，相対売買が可能となるからです（施行令6条の2第3項）。5%基準は売り手の保護を主として念頭に置いているところ，このような株式の取引は，売り手と買い手の交渉力に不均衡が認められないのが通例であり，売り手保護の必要性が低いため，適用が除外されると考えられます。

3.3.2 3分の1基準

3分の1を超えて株式（議決権）を取得する場合には，少数者からであっても公開買付けが強制されます（27条の2第1項1号）。3分の1という要件は，株主総会の特別決議を阻止しうる議決権数という点が基準とされています。5％基準と異なり，こちらについては，売り手の保護というよりも，会社支配権の変動する取引により会社自体が大きな影響を被ることが重視されていると考えられます。つまり，支配株主が変動するに際して，売り手である大口投資家以外の投資者（株主）らにも，保有株式の売却機会（退出機会）を提供すべきだというものです。

3.3.3 3分の2基準──全部買付義務（全部勧誘義務）

応募株券数の合計が買付予定の株券の数を超えるときは，按分比例の方式により，超過部分の全部・一部の買付けをしないことが認められています（⇒3.2.2項）。しかし，公開買付けの結果，公開買付者の株券等所有割合が3分の2以上となる場合には，買付上限の設定は認められず，**全部買付義務**が課されます（27条の13第4項，施行令14条の2の2）。

3分の2という基準は，会社法上の特別決議の要件に合わせたものであり，公開買付者が3分の2以上の株式を取得した場合は，それ以外の少数株主は決議を阻止することができなくなることなどが理由とされます。また，公開買付けにより3分の2以上の株式を取得する者は，その後の組織再編などを通じて当該会社を完全子会社化し上場廃止する場合が少なくないので，公開買付者に全部買付義務を負わせることにより，少数派となる株主らが株式を処分するか否かの判断をする機会を与えようという趣旨もあります（ただし，実際の機能については，⇒前掲 Column「公開買付けと一般投資者の売買」参照）。

図表 3-9 ▶▶▶ 全部買付義務

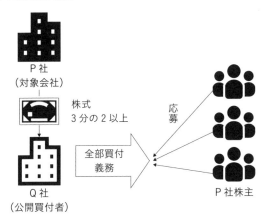

P 社
（対象会社）

株式
3 分の 2 以上

応募

全部買付
義務

Q 社
（公開買付者）

P 社株主

3.4　敵対的買収と公開買付け

　公開買付けは敵対的買収（同意なき買収）を行う際に，しばしば用いられる手段です。公開買付規制は敵対的買収を仕掛ける側にも会社経営者側にも，いずれの側に対しても支配権の争いが有利・不利とならないよう配慮するととともに，支配権の争奪の過程が投資者に対して透明化されるよう，若干のルールを設けています。

3.4.1　支配権争奪に対する中立性

　前述したように，公開買付期間中に公開買付者は別途買付けの禁止規制が適用されます（⇒ 3.2.3 項）。このとき，経営陣を支持する別の大株主が公

開買付規制を受けずに，当該会社の株式を追加取得することができれば，敵対的買収を仕掛けた公開買付者に著しく不利となります。そこで，公開買付けがされている最中に，公開買付者以外の主要株主が，一定数を超えて保有株数を増やすには公開買付けによる必要があると定められています（競合的公開買付け：27条の2第1項5号）。

3.4.2 支配権争奪過程の透明性の確保

公開買付開始公告がなされたあと，対象会社による意見表明報告書が提出され当該公開買付けに対する対象会社の賛否が公表されます（⇒3.2.1項）。同時に同報告書において対象会社は買収者に対して質問をすることができます。質問を受けた公開買付者はこれに対して**対質問回答報告書**でなんらかの回答をすることが求められます（27条の10第11項）。このやり取りは，投資者が公開買付けに応ずるか否かの判断材料の1つになると同時に，残存株主にとっても会社の将来価値を判断する材料になります。

図表3−10 ▶▶▶支配権の争奪と情報提供

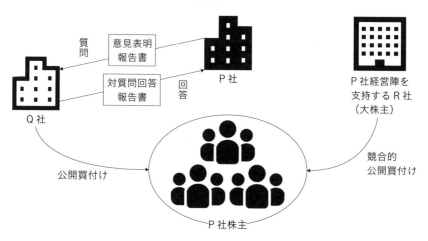

3.5 　発行会社による公開買付け

3.5.1 　発行会社以外の者による場合との異同

　公開買付けは，発行会社が自社株式を取得する方法としても利用されます。発行会社以外による市場外の取引と異なり，発行会社による市場外における自己株式の買付けは，原則としてすべて公開買付けによる必要があります（27条の22の2第1項1号）。手続きについては，公開買付開始公告や届出書の提出など，発行会社以外による場合と基本的には同じです。

3.5.2 　重要事実の公表

　発行会社による公開買付け特有の規制として，未公表の業務等に関する重要事実がある場合には，それを公表することが求められていることが挙げられます（27条の22の3）。インサイダー取引規制の見地から，発行会社が究極の内部者であることに鑑みたものです。「重要事実」とはなにか，については，自己株式取得，インサイダー取引規制と併せて第4章で学びます。

3.6 　全部買付けと部分買付けにおける株価の動き

3.6.1 　買付予定株数の上限設定の有無

　公開買付けには，前述したように，買付予定株数に上限を設定しない全部買付けと上限を設定し一定数以上は買付けない部分買付けがあります。

　全部買付けを行う公開買付者は一般的に対象会社を完全子会社化することを目的としており，公開買付け後には株式併合や売渡請求により，少数株主を締め出す（スクイーズアウト）のが通例です。

　部分買付けを行う公開買付者の意図は様々ですが，大雑把にいうなら，①対象会社の上場を維持するため，②買収資金が不十分な買収者が対象会社の支配権を取得したいため，という2通りのものが考えられます。

3.6.2 株価の推移と投資判断

　全部買付けと部分買付けの区別は，対象会社の投資判断にとって重要なので，投資者としては知っておく必要があります。まず対象会社の株価に対する影響ですが，公開買付けが公表されると同時に対象会社の株価が急騰するのは同じです。

　ただし，全部買付けの場合は，株価は公開買付価格近くまで上昇するのに対して，部分買付けでは全部買付けほど株価は上昇しません。**図表3－11**は，公開買付価格が1500円とされた場合の一般的な値動きを示しています。

　全部買付けなら公開買付けの成立が見込める限り，株価が公開買付価格よりも低ければ市場で株式を取得して公開買付けに応ずることにより，利ザヤ稼ぎができます。全部買付けでは，そのような投資活動が行われる結果，株価が公開買付価格に接近する現象が見られるのが一般的です。これに対して，部分買付けの場合，応募してもすべての株主の株式が買い取られるわけではないため，全部買付けのような売買が行われず，公開買付価格より一定程度低いところで株価が推移するのが通例です。

図表3－11 ▶▶▶全部買付けと部分買付けの一般的な値動き

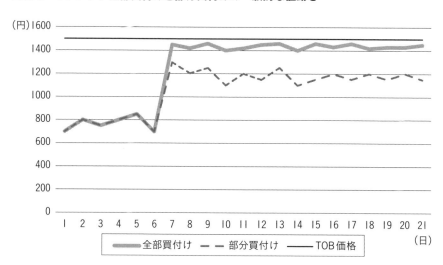

競合買付けの可能性と株価

　全部買付けにせよ部分買付けにせよ，株価が公開買付価格を上回って推移することがあります。それは競合買付け，つまり，他の買収者が公開買付けを実施する可能性がある場合です。競合して公開買付けを実施する者は，当初の公開買付けよりも高値の公開買付価格を設定するのが通例です。これに対して，当初の公開買付者がさらに高値の公開買付価格を提示して，競り上げ競争が始まることも珍しくありません。

　このような競合買付けが期待できる場合には，当初の公開買付価格よりも高値で株式を取得して，競り上げ競争の終盤に売り抜けようと考える投資者も現れるため，公開買付価格を上回って株価が推移するわけです。

Discussion　　　　　　　　　　　　　　　　　　　　　　議 論 し よ う

　買収者が大量保有報告制度に違反して自社の株式を取得していることを知った場合，発行会社はどのような手段をとることができるでしょうか。

第 **4** 章 不公正取引規制

Learning Points

▶ 市場では様々な形態の不正行為が行われる可能性があります。それに対応して規制も多様ですが，典型的な不正取引のパターンとして「相場操縦型」と「インサイダー取引型」の2つに分けることができます。

▶ 相場を意図的に上げ下げすることで利益を得ようとするのが相場操縦型であり，株価を変動させる情報を知る内部者が，情報が公表される前に市場で売買をするのがインサイダー取引型です。

▶ 違法不正な行為が禁じられるのは当然ですが，これらの行為がなぜ違法とされるのか，適法行為と違法行為の境目はなにか，本章で学ぶこととしましょう。

Key Words

インサイダー取引型と相場操縦型，相場操縦，インサイダー取引，包括的詐欺禁止規定

1 総　論

1.1 不公正取引の2類型

1.1.1 相場操縦型とインサイダー取引型

　証券市場における不正行為は多様です。多様とはいえ，市場の不正行為では，違反者がなんらかの利益を得ることを目的としているという特徴は有しています。不公正な取引に対して金商法は，**相場操縦型**と**インサイダー取引**型の概ね2つの系統で禁止規定を置いています。相場操縦型は相場を変動さ

せて利益を得たり損失を回避しようとするものであり，インサイダー取引型は会社の内部者など一定の地位にあるものが，未公表の重要事実を利用して，他の投資者に先回りをして売買を行い，利益を得たり損失を回避したりするものです。これ以外にも証券市場の不正行為は数多くあり，それらに対応する包括的な規定もありますが，この2類型が不公正取引規制の基本ともいえるものです。相場操縦型にはいくつかの種類がありそれぞれに名称がありますが，インサイダー取引型は会社関係者にせよ公開買付者等関係者にせよ，いずれもインサイダー取引と呼ばれているので，以下では単に「インサイダー取引」といいます。

1.1.2 規制趣旨

　証券市場を利用して詐欺的な取引をすることは他人を害することになるので禁止すべきだ，ということは誰でも理解できます。典型的な相場操縦は，特定銘柄につき根拠のない噂を流したり，終値をつり上げる売買をしたりして，当該銘柄の価格を本来有すべき価格よりも高騰させ，一定の高値となった段階でそれ以前に安値で購入した株式をすべて売却して利益を得る，というものです。この過程で噂を信じて当該銘柄を購入した一般投資者は一転して株価が暴落することにより損失を被ることになります。他の投資者に損害を与えることで自ら利益を得る行為は禁止されるべきであるし，かかる不正行為のために市場を利用することは認められるべきではありません。

　他方，インサイダー取引では相場操縦型のような被害者は認められません。市場で取引をする投資者にとって，取引相手が誰であるかは問題ではありません。たまたま約定した相手方が情報を知る内部者であったために損害を被る，ということはないからです。インサイダー取引を禁ずべき理由は別にあります。インサイダー取引により一部の者が利益を上げることは，一般投資者の証券市場に対する信頼を害することになります。常に市場で優先的に利益を得ることができる者がいるなら，そうでない投資者にとっては勝ち目のないゲームを戦っているも同然だからです。こうして投資者がゲームに参加する意欲を失ってしまうことは，証券市場で運用される投資資金が減少する

ことを意味し，資産運用の場としても，資金調達の場としても市場が魅力を失うことになります。証券市場に対する社会の信頼を維持するために，インサイダー取引型の不正取引は，禁止する必要があります。

1.2 規制の実効性確保

1.2.1 事前予防

不正行為はそれが行われないようにすることが最も重要です。金商法においては，第5章で見るように証券会社が顧客による不正行為を防ぐゲートキーパーとしての役割が期待されています。証券会社は自らが不正を行ってはならないのはもちろんのこと，顧客の注文にも注意を払い不正な注文が市場に入らないよう配慮しなくてはいけません。そのために，顧客が特定の会社の内部者であるかを確認するなど，顧客情報も収集することが求められています。さらに，第6章で見るように証券取引所も市場において不正取引が行われないよう売買審査をしています。

1.2.2 事後の制裁等

⑴刑事罰の制裁

不公正取引などについて定める金商法第6章の（ほぼ）すべての規定は，違反した場合に刑事罰が科される規定です。そのため，違反に対する強いペナルティーが用意されているとはいえます。しかし，違反に対する制裁が重いことは，抑止力が強いことを必ずしも意味しません。蚊を退治するために大砲を撃つわけにはいかないのと同じように，制裁が強力であれば，副作用も大きく摘発にも慎重にならざるをえません。摘発する側に人的・物的な制約があることからすると，市場で行われるすべての金商法違反に対して刑事罰の制裁を科すわけにはいきません。結果的に軽微な違反行為は見逃されてしまうことになります。

⑵課徴金制度

　このように刑事罰の制裁は，頻繁に行われる市場の違反行為を十分に取り締まることができませんでした。そこで，2004（平成16）年の改正により，金商法に課徴金制度が導入されることになりました。

　課徴金制度は，行政上の不利益処分です。刑事罰のような制裁ではなく，違反者が違反行為により得た利益を吐き出させる制度と理解されています。類似のものとしては，道路交通法違反者に対する反則金を想起すればよいでしょう。行政上の処分ですから，法を執行する側は迅速に執行することができます。違反者は処分（課徴金納付命令）の取消しを求めて裁判で争うことは可能です（インサイダー取引規制違反の課徴金納付命令決定が取り消されたものとして，東京高判平成29・6・29金判1527号36頁）。

図表4-1 ▶▶▶市場の公正さ確保のための規制

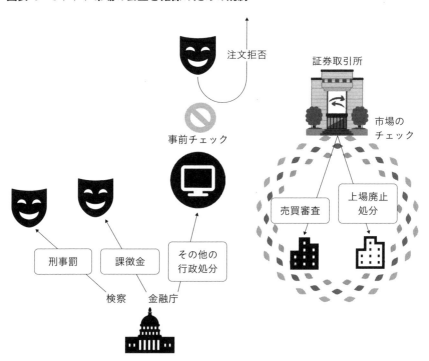

課徴金制度の主たる目的は本文で述べたように，違反行為を抑止することにあります。ただし，課徴金には金商法の規定の予測可能性を高めるというもう1つの重要な役割・機能を認めることができます。金商法の不公正取引規制違反に対して，刑事告発されるのは年間数件程度であるのに対して，課徴金納付命令の勧告がなされる件数は年間30件〜50件あります。規制当局は毎年度「課徴金事例集」を公表しており，市場関係者は各事例を通じて，必ずしも要件が明確といえないものもある不公正取引規制の適用範囲を予測することができます。法令解釈は裁判所が行うことはいうまでもないですが，課徴金納付命令の勧告をするか否かの第一次的判断は行政庁が行うものです。金融庁がQ&Aなどで示す行政解釈は，このような点からも意味があります。

2 相場操縦型の不正行為の規制

2.1 相場操縦型不正行為の類型

2.1.1 投資者に誤解を与えて売買に引き込む手段

　自らに都合の良いように相場を操縦することができれば，欲しい株式を安値で買うことができるし，処分したい株式を高値で売ることもできます。相場操縦をする者は様々な形で利益を得ることができます。

　相場を操縦するための方法はいくつかあります。1つは特定の会社などについて噂を流して他の投資者の売買を煽るものです。もう1つは，実際に株式の売買を行う（あるいは売買注文を入れる）方法です。いずれにしても，株価を恣意的に変動させるなどして，一般の投資者に誤解を与え投資判断を誤らせるおそれがあるという点では共通し（投資者にどのような誤解を与えるかは⇒後掲 Column「相場操縦と投資情報」参照），それゆえに禁止されています。以下で説明する相場操縦型の不正行為は，たとえばネット上で風説を流布しつつ仮装売買と現実の売買で売買価格を操作するなど，複数の手段が併用されることが多い点も特徴的です。

2.1.2 金商法上の分類

金商法の条文でいうと，158条の風説の流布の禁止が売買によらない相場操縦の典型です。このほか，虚偽相場の利用の禁止等（157条3号），虚偽の相場の公示等の禁止（168条）などは，第2章で学んだ虚偽記載と類似の性格を有しますが，主として発行会社以外の者による行為で利得が目的であると考えられるほか，広い意味で相場に関して誤解を与えるという違法性を問題としている点で相場操縦型に分類できます。表示による相場操縦も同趣旨です（159条2項2号・3号）。

現実の売買を行う相場操縦については，159条1項・2項の定める馴合売買・仮装売買・現実の売買による相場操縦・安定操作などがあり，さらに中間的なものとして近年摘発事例が多いのは**見せ玉**です。以下，それぞれ説明を加えます。

2.2 風説の流布

158条は，相場の変動を図る目的をもって風説を流布することを禁じます。「**風説の流布**」とは，合理的根拠を欠く情報を不特定多数者に伝達することであり，相場の変動を図る目的等でなされることが要件となっています。インターネット掲示板に虚偽の情報を書き込んで売買を煽ったり，自社の新薬開発につき虚偽の情報を記者会見などで公表（東京地判平成8・3・22判時1566号143頁）したりすることなどがこれに当たります。

2.3 仮装売買，馴合売買

159条1項は，売買が活発に行われているなど「取引の状況に関し他人に誤解を生じさせる目的」で，仮装売買や馴合売買を行うことを禁じています。**仮装売買**とは，権利を移転することを目的としない仮装の株式の売買であり（1号），たとえば，投資者が同一銘柄を同じ指値で売り注文と買い注文を

図表 4-2 ▶ ▶ ▶風説の流布

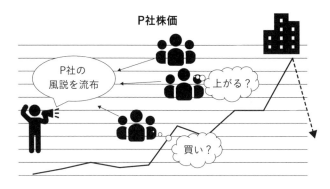

それぞれ別の証券会社に出すような場合をいいます。**馴合売買**とは，売り手
と買い手が通謀して売買を成立させるものです（4号）。このような売買を
行う者は，人為的に形成された価格で売買をしつつ，売買高が増加すると，
そのことが当該銘柄になにか材料が隠れているのではないかと「取引の状況
に関し他人に誤解を生じさせる」ことを目的としており，原則として要件を
満たすといえます。株価を上下いずれかの方向に操作する目的で行われるの
が通例ですが，価格を変動させず売買高を増やす目的を有するだけでも要件
に該当します。オプション取引の事案ですが，**大阪証券取引所相場操縦事件**
では「出来高が操作された場合に生じ得る弊害等にかんがみれば，出来高に
関し他人に誤解を生じさせる目的も，上記『取引が繁盛に行われていると誤
解させる等これらの取引の状況に関し他人に誤解を生じさせる目的』に当た
り，特定の銘柄について価格の操作ないし相場操縦の目的を伴わない場合で
も，本罪は成立すると解すべきである。」（最決平成 19・7・12 刑集 61 巻 5
号 456 頁）としています。

図表 4 - 3 ▶ ▶ ▶ 仮装売買

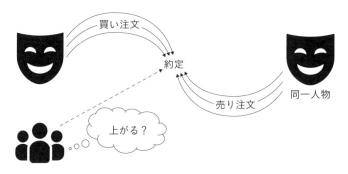

図表 4 - 4 ▶ ▶ ▶ 馴合売買

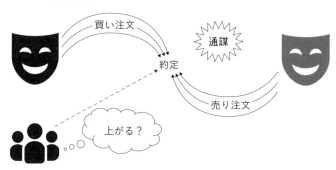

2.4 ▰ 現実の売買による相場操縦

2.4.1 ▰ はじめに

　仮装売買や馴合売買のように，売り注文と買い注文を対当させて人為的に価格を形成するのではなく，大量の注文を継続的に出すことによっても，人為的に株価を形成することができます。159条2項1号はそのような**現実の売買による相場操縦**について定めています。①売買を誘引する目的をもって，②売買が活況であると誤解させたり，相場を変動させたりする一連の売買等が禁じられています。

2.4.2 適法な取引と違法な取引の区別

　大量の売買注文を出せば，通常の売買注文であっても当該株式の市場価格が上下することは明らかですが，このような売買を禁ずるべきではありません。そこで，正常な売買と不正な株価操縦の売買とを区別する基準が必要となりますが，それが先の①にある誘引目的であると説明されています。**協同飼料相場操縦事件**（最決平成6・7・20刑集48巻5号201頁）によると，ここで禁じられているのは「人為的な操作を加えて相場を変動させるにもかかわらず，投資者にその相場が自然の需給関係により形成されるものであると誤認させて有価証券市場における有価証券の売買取引に誘い込む目的をもってする，相場を変動させる可能性のある売買取引等」です。**誘引目的**は，積極的に投資者を売買に引き入れることまで求めているのではなく，人為的な操作で形成された株価が自然需給によるものであると他の投資者に誤認させることを認識していれば足りるといえます。誘引目的とは主観的なものであり，それを第三者が立証するのは難しいですが，取引の態様により認められると解されています。たとえば，合理的な理由なく，終値付近で大量に買い付ける（「終値関与」），1円ごとに指値を高くする注文を大量に出すなどは

図表4-5 ▶▶▶人為的な株価の操作

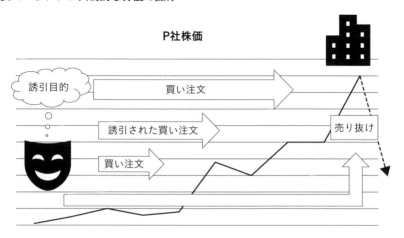

P社株価

誘引目的　買い注文

誘引された買い注文　　売り抜け

買い注文

これに当たります。わざわざ高く買う（安く売る）指値注文を出すことは不自然ですし，終値を高くするのは，終値は当該銘柄の四本値の1つとして公表され，一般投資者の目をひくとともに，当該銘柄の担保評価など市場外の取引でも基準とされるほか，翌日の値幅制限の基準となることが関係しています。

2.5 見せ玉

一般投資者は株式の売買価格のみならず，板情報もネット証券会社の取引画面などで閲覧することが可能となっています（⇒第1章2.2.4項(3)）。つまり，注文状況もリアルタイムで目にすることができるわけです。板情報を見て売買をしている投資者に対して，大量の売買注文が入っているかのような誤解を与えることにより，相場を意図する方向に誘導しようとするのが**見せ玉**です。具体的には，約定する意思のない注文を大量に出して売買の申込みを行い，約定前に取り消す行為のことであり，相場操縦の一種として禁止されています（159条1項6号〜9号・2項1号・3項）。

図表4-6 ▶▶▶見せ玉

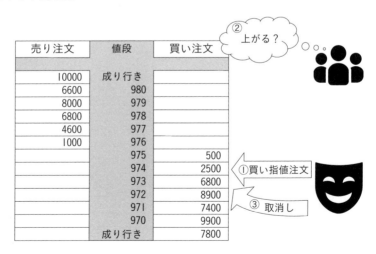

　一般投資者を取引に引き込むことが相場操縦のポイントとなります。その際，一般投資者に誤解を与えること，あるいは一定のメッセージを伝えることが必要となります。一般投資者にどのような誤解を与えるのか，という点から次のように相場操縦を説明することもできます。風説の流布では，特定銘柄のファンダメンタルズ（企業業績など株式の本質的価値）に関わる情報や需給に関わる情報など様々なものがあるのに対して，見せ玉は板情報で買い注文あるいは売り注文のいずれかが優勢であるように見せることで投資判断を狂わせるものです。159条の相場操縦は，売買価格と出来高情報の2つについて投資者に誤った情報を伝えるものということができます。誤解を与える媒体は，紙からネットに移行していることは周知のとおりですが，一般投資者の取引手法とも密接に関係していることは知っておいてよいでしょう。相場情報の入手が容易でない時代であれば，虚偽の相場を伝えることで誤解を与えることができますが，いまや相場情報は公知となっています。また，一般投資者にとって板情報が利用可能となったのも，見せ玉という相場操縦手段が使われるようになった原因です。

2.6 安定操作

　上述した意図的に相場を変動させる売買が禁じられるのと同じ理由で，相場をくぎ付けし，固定し，または安定させる目的で一連の株式の売買等をすることが禁止されています（159条3項）。ただし，他の規定と異なり，政令の定めに従う**安定操作**は認められます。この政令の定めとは，増資などの際に一時的な需給の歪みから株価が過度にぶれないように，一定の要件の下で証券会社が行う株価の安定操作です。安定操作は引受証券会社のみが行うことができ，期間や価額の制限があり，安定操作に関する情報開示も求められています（施行令20条〜26条）。2023年にブロックオファーに伴い行った終値の買い支え取引が，違法な安定操作に該当するとして，大手証券会社が44億7千万円の追徴を受けた事例があります（東京地判令和5・2・13 LEX/DB 文献番号25572822）。

2.7 空売り

　株式を有しないでする売付けを**空売り**といいます。相場が下落すると予想した場合に，売りから入り買戻しをすることにより利益を得ようとする取引です。空売りの仕組みは複雑ですが，典型例で単純に説明をします。投資者は，値下がりすると見込んだ株式を証券会社から借りて市場で売却し，思惑どおり株価が下がったところで当該株式を買い戻して証券会社に返済します。これにより，売却代金と購入代金の差額が投資者の利益になるというものです。

　これ自体は合理的な投資手法ですが，相場操縦の手段として売り崩し（売り注文を大量に出して株価を安くし，相場が下落しているように見せかけること）に用いられるなど，不公正取引に用いられる危険があります。そのため，政令の制限に反して空売りを行うことを禁じています（162条1項1号）。政令で定める制限には，明示・確認義務や価格規制などがあります。空売り注文はその旨を明示することを証券会社に義務付けるとともに，証券会社が顧客に空売りか否かの確認を求めるのが明示・確認義務であり（施行令26条の3），売り崩しを困難とするように，相場が下落傾向にある場合に直近の価格以下で注文することを原則的に禁ずるのが価格規制です（施行令26条の4）。

図表4-7 ▶▶▶空売り

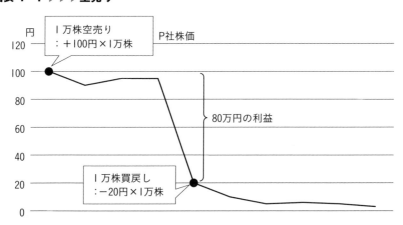

3 / インサイダー取引規制

3.1 規制の趣旨と形式

3.1.1 規制趣旨

本章冒頭で説明したように（⇒1.1.1項），会社の役員など，会社の重要事実を知りうる者が，その事実が公表されないうちに当該会社の株式の売買を行うことが許されるなら，市場に対する一般の信頼が失われ，市場の機能が害されることとなります。そのため，わが国のみならず，多くの国や地域の証券規制では，情報の平等を図るために，会社内部者が情報上の利点を利用する取引，すなわちインサイダー取引を禁じています。

なお，法律上は「会社関係者の禁止行為」（166条），「公開買付者等関係者の禁止行為」（167条）と称され，従来は講学上，内部者取引（規制）とされることが多かったです。一般的にはインサイダー取引（規制）と呼ばれ，講学上もこれが使われることが多くなっているので，本書でも「インサイダー取引（規制）」と称します。

3.1.2 特殊な規制形式

規制趣旨から考えると会社の重要事実を知りうる者の範囲や重要事実は状況によって異なるものであり，多様なものが含まれることが容易に想像できます。ところが，後述するように日本のインサイダー取引規制は客観的で明確な要件を定める形をとっており，形式的に一定の要件を満たした場合には，インサイダー取引規制違反となる構造を採用しています。不公正取引規制をはじめ金商法には規制違反に対して刑事罰が科されるものが少なくありません。刑罰法規については，行為した時において当該行為が刑事罰の対象となるか否かが法律上明確に定められているべきである，との**罪刑法定主義**の要請があります。インサイダー取引規制において要件が細かく定められて

いる理由の１つは，この罪刑法定主義に基づくものといえます。他面において インサイダー取引規制の形式主義・客観主義ゆえに，規制に過不足が生じ ていると批判されることがあるのもたしかです。たとえば，会社の役員が自 社の株価を下落させる未公表情報を知りながら株式を（売付けではなく）買 い付けてもインサイダー取引規制違反は成立します（ただし，⇒3.7.4項）。 反対に会社内部者の会話をまた聞きして未公表の重要事実を知ってその会社 の株式の売買をしてもインサイダー取引規制違反は成立しません（ただし， ⇒3.3.5項参照）。このような理由から，インサイダー取引規制の適用範囲 を適切に設定するよう，様々な解釈論や立法論が展開されています。

3.2 規制の概要

3.2.1 ２つのインサイダー取引

　インサイダー取引規制は，情報の性質に応じて２つに大別して規制が設け られています。１つは通常の「会社関係者」の内部情報に関わる規制であり， もう１つは，「公開買付者等関係者」を内部者とし公開買付け等の情報を内 部情報とした規制です。後者は公開買付け等の対象会社の株式がインサイダ ー取引規制の対象となるため，対象会社から見ると公開買付け等は「外部情 報」ということができます。なお，インサイダー取引規制の対象となるのは 公開買付「等」であり，公開買付けに加えて（議決権ベースで）5％以上の 大量の株式の買い集め行為も含まれる点は注意を要します（施行令31条）。 以下では，便宜上会社関係者によるインサイダー取引規制の内容を中心に説 明し，公開買付けについては必要な限りで補足することにします。

3.2.2 規制の基本形態

　金商法のインサイダー取引規制の概要は，上場会社の「会社関係者」が， 「一定の経路」で「重要事実」を知りながら，それが「公表」される前に， 当該会社の株式の「売買等」を行うことを禁ずるもの，と大まかに表現する

ことができます。各要件について以下順に説明していきます。

図表 4-8 ▶ ▶ ▶ 会社関係者のインサイダー取引

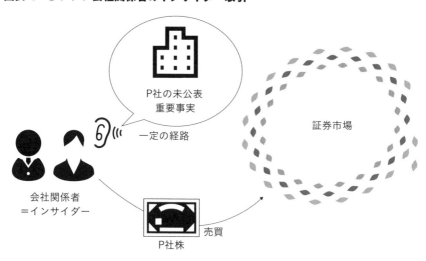

図表 4-9 ▶ ▶ ▶ 公開買付者等のインサイダー取引

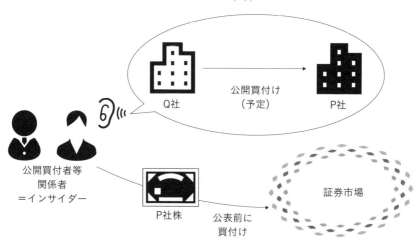

　インサイダー取引規制違反の主体となるのは，166 条 1 項各号に列挙されている会社関係者です。具体的には，上場会社の役員等（1 号），会計帳簿閲覧謄写請求権を行使できる株主（2 号），法令に基づく権限を有する者（3 号），契約締結者（4 号）です。これらの者は会社関係者でなくなって 1 年以内であっても，インサイダー取引規制の主体とされる点は注意を要します（166 条 1 項柱書後段）。

(1)役員等と大株主

　役員等には使用人も含まれ，正規の従業員のみならず，派遣社員やアルバイトもここに含まれます（「その他の従業者」）。大株主は 2 号に該当しうるものの，会計帳簿閲覧請求で得た情報に基づいてインサイダー取引がなされた事案は未だ存在しません。むしろ，大株主は 1 号の役員などに就任していなくても，創業者のように実質上は経営に深く関与するなど重要情報に接している場合が存在します。そのような者については「その他の従業者」に当たると解されています（最決平成 27・4・8 刑集 69 巻 3 号 523 頁）。

(2)法令に基づく権限を有する者

　「法令に基づく権限」とは，典型例として行政庁が有する許認可権限や調査権限などがこれに当たります。産業活力再生特別措置法に絡んで権限を有する経済産業省の職員が対象会社株式ないし公開買付対象の株式の売買でインサイダー取引規制違反とされた事例があります（東京地判平成 17・10・28LEX/DB 文献番号 28135406，最決平成 28・11・28 刑集 70 巻 7 号 609 頁）。

(3)契約締結者等

　契約締結者等については，合併契約を締結した相手方であったり，公開買付けの対象会社の役員（秘密保持契約などが根拠）であったりする場合があります。契約の締結交渉をしている者も含まれます。166 条 1 項 5 号により，契約締結者が法人である場合には，法人の役員等も会社関係者に含まれるこ

とになります。新株発行を予定している発行会社の引受証券会社は契約締結者ですが，その引受証券会社の役員等もこれに当たります。

3.3.2 公開買付者等関係者（167 条 1 項）

167 条 1 項の定める公開買付け等の場合は，166 条 1 項の「会社関係者」が「**公開買付者等関係者**」に該当しますが，加えて，公開買付けの対象会社（5 号）がこれに含まれます。

3.3.3 情報取得経路──職務関連性など

会社関係者が重要事実を知るに至る経路も要件となります。会社内部者であるがゆえに情報を得ることができるのが不公正であるというのが規制趣旨ですから，「その者の職務に関し」情報を得ることなどが要件となります。公開買付等関係者においても，同じように「その者の職務に関し知った」等が要件となります（最判令和 4・2・25 刑集 76 巻 2 号 139 項）。列挙される地位と無関係に情報を得て株式の売買を行ってもインサイダー取引規制違反には該当しません。たとえば，P 社の従業員が，子どもの通う学校の PTAの集まりで，P 社の別の従業員の妻が友人と重要事実を含む内輪話をしているのをたまたま耳にして，自社の株式の売買をしたとしても，それは「その者の職務に関し」情報を得たわけではないので，インサイダー取引規制違反にはなりません。

図表 4-10 ▶ ▶ ▶ 職務関連性の一例

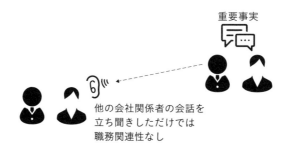

重要事実

他の会社関係者の会話を
立ち聞きしただけでは
職務関連性なし

3.3.4 情報受領者

　会社関係者が他の者に取引をさせた場合はどうなるでしょうか。インサイダー取引規制違反でよく見られるのが，本人ではなく家族に取引をさせるものです。名義が家族であっても，実際には本人の口座の取引と見ることができれば，インサイダー取引規制違反に該当することはもちろんです。さらに，**情報受領者**も規制対象とされているので，家族や友人であっても，会社関係者から情報を得て取引すればインサイダー取引規制違反に当たります（166条3項）。規制潜脱を回避する必要があることや，情報提供者である内部者と情報受領者との間に一定の関係があるのが通例であることなどが規制理由とされています。

　情報受領者からさらに情報を受領した第二次情報受領者は，原則としてインサイダー取引規制の対象になりません。今日の情報通信技術の発展を踏まえると議論の余地はありますが，情報源から伝達範囲が広がるにつれて，情報の信頼性は低下すると一般的に考えられることに加えて，罪刑法定主義の見地から罰せられる範囲を明確にしておく必要があることから，第一次情報受領者と第二次情報受領者との間に線引きをしたと考えることができます。

図表 4 - 11 ▶ ▶ ▶ 情報受領者も規制対象

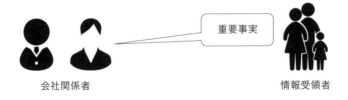

重要事実

会社関係者　　　　　　　　　　　　　　　　情報受領者

3.3.5 第一次情報受領者と第二次情報受領者の区別

　会社関係者から間接的に情報を得たために形式的には**第二次情報受領者**と見られる者であっても，実質的に第一次情報受領者としてインサイダー取引規制（166条3項前段）が適用される場合があることには注意が必要です。

図表 4 - 12 ▶ ▶ ▶ 第一次情報受領者の留意点

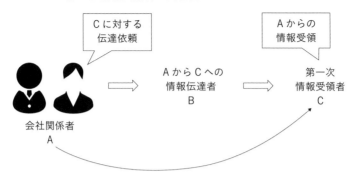

たとえば，会社関係者 A が B に対して C に未公表情報の伝達を依頼し，C が当該情報を受領した場合には C は第二次ではなく第一次情報受領者と評価されます。「会社関係者から…伝達を受けた者」とは，実質的に判断されるものであり，会社関係者が当該業務等に関する重要事実を伝達する意思で実際にその伝達行為を行い，その結果伝達の対象となった者が当該重要事実を知った場合には，その伝達方法を問わず当該会社関係者から重要事実の伝達を受けたものと解されているからです（上場会社の役員が秘書を介して友人に重要事実を伝える場合などが例示される）。しかし，会社関係者の側で重要事実を伝達する意思がない場合には，会社関係者から重要事実を知ったとしても，「会社関係者から…伝達を受けた者」には当たりません。

3.3.6 「情報伝達行為」「取引推奨行為」

会社内部者が自ら売買をするのではなく，未公表の重要事実を他人に伝達したり取引を推奨したりする行為も禁止対象とされています（167 条の 2）。これにより，上述した情報受領者のみならず情報伝達者の行為もインサイダー取引規制違反に該当することになります。会社内部者による安易な情報漏洩行為が頻発したことを背景に，2013（平成 25）年改正により新たに規制が設けられたものです。会社内部者の行為に加えて公開買付者等関係者の行為も規制対象になっています。

単に情報を伝達したり取引を推奨したりすることを禁止するのではなく，

他人に売買等をさせることで利益を得させたり，損失を回避させたりする目的を有していることが要件となっています。また，刑事罰の対象になるのは情報伝達等を受けた者が実際に売買等を行った場合に限られます（197条の2第14号）。

取引推奨とは，たとえば，「いまのうちにA社株式を買っておくとよい」など，根拠となる重要事実の伝達などを伴わない**行為**です。**情報伝達行為**と異なり，この場合には，取引推奨を受けて取引した者はインサイダー取引規制違反には該当せず，取引により得た利益等を剥奪されることもありません。

3.4 重要事実

3.4.1 4種類の重要事実

会社の重要事実には，「決定事実」「発生事実」「決算情報」「投資判断に著しい影響を及ぼす重要事実（バスケット条項）」の4類型があります（166条2項1号〜4号）。前3類型については，その影響が軽微なものについては除外されています。なお，純粋持株会社などの場合も想定して，子会社についても類似の重要事実が列挙されています（166条2項5号〜8号）。

(1)決定事実

1号の決定事実は，業務執行を決定する機関が列挙されている事項を行うことについて決定したこと等がこれに当たります。ところで，多くの会社では，正規の機関決定が行われる前に事実上当該事項が決定していることが少なくありません。たとえば取締役会で新株発行を決議する以前に常務会など別の機関で事実上決定していることもあるでしょう。「業務執行を決定する機関」とは，会社法などで定められている法定の権限ではなく実質的な会社の意思決定の事実自体を捉えるために，当該会社の実情に照らして個別に判断されます。かりに正規の決定がない限り重要事実とならないのであれば，事実上決定した段階で株式を売買すれば有利な地位を得ることができてしまい，規制目的を達することができなくなるでしょう。

この点，**日本織物加工事件**（最判平成 11・6・10 刑集 53 巻 5 号 415 頁）では株式の発行を行う決定の時期が問題となったところ，法の定める「業務執行を決定する機関」について，「行うことについての決定」とは実質的に会社の意思決定と同視できる意思決定をなしうる機関であれば足り，株式の発行それ自体や株式の発行に向けた作業等を会社の業務として行う旨を決定したことをいう，との実質面を重視した判断を示しています。

(2)発生事実

　2 号の発生事実は，大地震など大規模災害が発生し会社の主力工場が損害を被る場合や，製薬会社の薬品に深刻な副作用が生じた場合などがこれに当たります。

(3)決算情報

　3 号の決算情報は，会社の売上高・利益・配当などについて，公表された直近の予想値に比べて新たに算出した予想値または事業年度の決算との間に差異が生じた場合です。

(4)バスケット条項

　4 号は**バスケット条項**と一般に称されているものです。「投資者の投資判断に著しい影響を及ぼす」とは，通常の投資者が当該事実を知れば，当然に当該株式について「売り」「買い」いずれかの判断を行うものと説明されています。1 号〜3 号までで具体的に列挙したもの以外でも，発行会社の株価を変動させるものは当然に存在するので，それを捕捉しようとするものです。具体的には，主要製品の重大な欠陥の発生や粉飾決算の発覚，子会社の株式公開や，第三者割当増資が相手方の払込みを欠き失権するという事実などがこれに当たると考えられています。ところで，4 号は 1 号から 3 号に当たるものを除きとありますが，2 号イの「災害又は業務に起因する損害」が発生した場合に該当する場合であっても，その内容が会社が初めて開発した期待の新薬に副作用情報が見つかり，市場の期待を裏切るものであったのであれば，それに起因する会社の損害が 2 号の軽微基準に当たるものであっても，4 号に該当すると評価することは可能であるとの判例があります（**日本商事事件**；最判平成 11・2・16 刑集 53 巻 2 号 1 頁）。

図表 4 – 13 ▶ ▶ ▶ 重要事実

決定事実	「業務執行を決定する機関」の決定	※軽微なものを除く
発生事実	大規模災害で被災など	※軽微なものを除く
決算情報	売上高予想の修正など	※軽微なものを除く
バスケット条項	その他投資判断に著しい影響を及ぼすもの	

3.4.2 公開買付け等の場合

　公開買付けの場合は，会社関係者によるインサイダー取引規制のように重要事実の多様性はなく，公開買付者等が公開買付け等の実施や中止を決定した場合だけがこれに当たります。

　ただし，この場合も公開買付け等の決定があったといえる時期は問題となりえます。株式の大量買い集め行為の決定時期が問題となった**村上ファンド事件**（最決平成 23・6・6 刑集 65 巻 4 号 385 頁）では，決定をしたという実質を有しない場合は別として，「公開買付け等の実現を意図して，公開買付け等又はそれに向けた作業等を会社の業務として行う旨の決定がされれば足り，公開買付け等の実現可能性があることが具体的に認められることは要しないと解するのが相当である」として，日本織物加工事件と類似の判断が示されました。

Column　軽微基準の定め方

　166条 2 項における軽微基準の設け方は 1 号・2 号と 3 号とでは微妙に異なっています。1 号と 2 号については，軽微基準が別途定められており，それに当たるものは除外されることになります。これに対して，3 号の予想値の差異発生については，それが投資判断に及ぼす影響が重要なものとして別途定める基準に該当するものに限られています。1 号・2 号の事実は投資判断に影響を与えるものですが，類型的に影響が軽微とされるものについては禁止する必要がないのに対して，3 号については予想値の差異が生ずるのは当然なことで単に差異が生じたというだけで投資判断に影響を及ぼすものではないので，このような規定振りになっています。

3.5 公　表

　インサイダー取引規制は，重要事実が公表されない間に株式の売買をすることを禁じていますが，**公表**とは「多数の者の知り得る状態に置く措置として政令で定める措置がとられたこと」，または，25条1項の定める発行開示・継続開示書類に記載がされて公衆縦覧に供された場合と定められています（166条4項）。前者については，具体的に政令では日刊新聞など少なくとも2つの報道機関に公開し，12時間を経過した場合，あるいは取引所に通知して（TDnetなどで）公衆縦覧された場合と定められています（施行令30条1項・2項）。

　上場会社の取締役などが名前を伏せてメディアに情報をリークして記事になることがありますが，会社関係者が匿名を条件に重要事実を報道機関に伝えたとしても，それにより公表がなされたことにはなりません（最決平成28・11・28刑集70巻7号609頁）。

図表 4－14 ▶ ▶ ▶ 「公表」の流れ

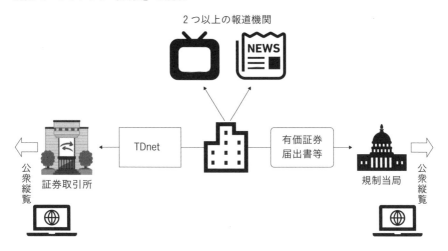

インサイダー取引規制で禁止される取引とは，売買などの有償の譲渡，譲受け（交換などを含む）です。合併や会社分割により相手方の有する株式を承継する場合も原則として含まれますが，新株発行などに基づく株式の取得（原始取得）は売買等には含まれません。そのような場合には，企業内容の開示などで手当てされているから問題ないと説明されています。

既に述べたインサイダー取引規制の要件に当てはまるときでも，適用が除外される場合があります（166条6項）。これらは，重要事実を知っていても株式の売買等において有利な立場を得るものではないので，会社関係者による売買が行われても証券市場に対する信頼が害されることもないからです。以下では重要と思われるものをいくつか取り上げて説明を加えます。

3.7.1 法令上の権利義務に基づく取得――ストックオプションを例に

適用除外の1つが，法令上の権利義務に基づいて株式を取得する場合です。ストックオプションといわれる新株予約権を例に説明します（166条6項2号）。まず，会社関係者は会社からストックオプションを付与されます。その後，かりに未公表の重要事実を知りながら権利行使をして株式を取得しても，これは重要事実の生じる以前に取得した権利を行使した結果，株式を取得する行為です。権利者が不当に利益を得ることはなく，禁止する必要はないため，適用除外とされています。実質的に見ても，会社関係者は権利行使して株式を取得・保有するだけでは利益を実現したことになりません。利益を得るには株式を処分しなくてはなりませんが，この株式の売付けはインサイダー取引規制の対象となります。

3.7.2 「知る前契約」「知る前計画」

　会社関係者が重要事実を知る前に，株式の売買の判断をして売買契約を締結し，その内容を変更することができない状態のときに重要事実を知ったとしましょう。その契約に基づいて事後に売買が実行されたとするとインサイダー取引規制に該当するでしょうか。現実に売買が成立した時には未公表の重要事実を会社関係者が知っていたのであれば，形式的にはインサイダー取引規制違反に該当しそうですが，会社内部者が重要事実を知ったことにより不当に利益を得ることができるわけではないので市場に対する一般の信頼は害されることはありません。そのため，このような**「知る前契約・知る前計画」**は，適用除外とされています（166条6項12号，取引規制府令59条1項1号〜14号・63条1項1号〜14号）。

　「知る前契約・知る前計画」として適用が除外されるためには，たとえば上場会社等との間の書面による契約であること，当該契約の履行としてなされたものであること，当該契約に期日や数量等が確定していることなど事例ごとに一定の要件が付されています。

　たとえば，役職員の持株会の場合については，買付けが一定の計画に従い個別の投資判断に基づかず，継続的に行われ，1回当たりの拠出金額が100万円未満の場合には適用が除外されます（取引規制府令59条1項4号〜7号）。

図表4−15 ▶▶▶知る前契約

持株会　①買付注文　証券会社　③買付け　証券市場
②発注後，未公表の重要事実
①→②→③の場合はインサイダー取引規制の適用除外

3.7.3 クロクロ取引

重要事実を知る者どうしが株式の売買を相対で行う場合には，これを禁ず

る必要はないので, 適用除外とされています（166条6項7号・167条5項7号）。実務上**クロクロ取引**と称されるものです。

3.7.4 特別事情売買

「特別の事情に基づく売買等であることが明らかな売買等」においても, インサイダー取引規制の適用が除外されます（166条6項12号後段）。条文の解釈として疑問の余地がありますが, 取引の経緯等から重要事実を知ったことと無関係に行われたことが明らかな場合がこれに当たるとされています。具体的には, 重要事実が, その公表により株価の上昇要因となることが一般的に明白なときに, 当該株式の売付けを重要事実の公表前に行っている場合や, 重要事実を知る前に, 証券会社に対して当該株式の買付けの注文を行っている場合など, 取引の経緯等から「重要事実」を知ったことと無関係に行われたことが明らかであれば, インサイダー取引規制違反として課徴金納付命令等の対象とされることにはならないと説明されています（金融庁「インサイダー取引規制に関するQ&A」（問3））。

3.7.5 インサイダー取引規制とチャイニーズウォール

インサイダー取引規制の主体には自然人のみならず法人も含まれます。たとえば, 証券会社Q社に投資銀行部門があり, その部門の役職員がP社の重要事実を知ったとすると, 原則としてQ社が自己の計算でP社株式の売買をすれば, インサイダー取引規制違反が成立します。しかし, 投資銀行部門と自己売買部門との間に情報隔壁を設けて, 相互に重要事実などの情報のやり取りがなされないよう社内体制が整備されていたとすると, 自己売買部門の役職員が当該重要事実を知らない限り, インサイダー取引規制違反には該当しないと解されています。しばしば証券会社などの金融機関で問題となりますが, この情報隔壁は「**チャイニーズウォール**」と呼ばれています。

図表4-16 ▶▶▶チャイニーズウォール

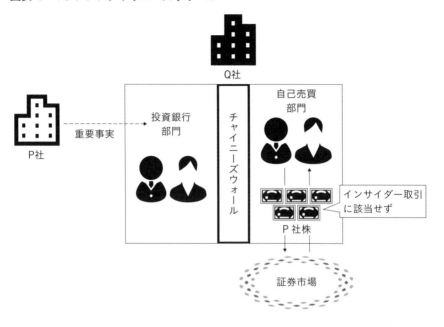

Q社

P社　重要事実　→　投資銀行部門

チャイニーズウォール

自己売買部門

インサイダー取引に該当せず

P社株

証券市場

3.8　会社内部者等の短期売買利益の返還義務

　会社の役員や主要株主は6か月以内の売買（「買付けの後の売付け」「売付けの後の買付け」）で利益を得た場合には，発行会社はその利益を会社に返還するよう請求できます（164条）。これは，会社内部者が「その職務又は地位により取得した秘密を不当に利用することを防止する」ことを目的とした規定ですが，情報を実際に利用したか否かを問わず機械的に適用されるものです。しかも，6か月を超えた売買には適用されないなど，インサイダー取引の予防としては，不徹底な規制です。そのためもあってか，**短期売買利益の返還義務**を定める本条については，憲法29条の保障する私有財産制度に違反するとして，合憲性が争われたことがあります（主張は認められませんでした。最大判平成14・2・13民集56巻2号331頁）。

　この規制と関連して，役員らは自社株式を売買した場合に，翌月の15日までに当局（財務局等）へ報告する義務を負い（163条），利益を得たと当

局が認めれば，当該役員らに加えて会社にも報告書が送付され公衆の縦覧に
供されます（164条4項～7項）。

> **Column** **会社内部者の株式取引の透明化**
>
> わが国の金商法163条のモデルとなったアメリカの1934年証券取引所法16条（a）項
> では，役員等の売買情報は公衆開示されており，EU諸国の証券規制においても役員らに
> よる自社株式の売買情報は，公衆開示されています（市場濫用レギュレーション19条）。
> わが国の163条の売買報告書は，原則的に規制当局に情報が提供されるのみであり，それ
> 以外に金商法には役員らの自社株売買情報を開示する規制は存在しません。世界標準で見
> るといわゆる「ガラパゴス規制」といってよいでしょう。短期売買利益の返還規定は（違
> 憲ではないにせよ）規制目的との関係で実効性が認められないことは明らかです。立法論
> 的には164条は廃止し，インサイダー取引規制違反の一般的な予防という意味でも，わが
> 国の証券規制を世界基準に揃えるという意味でも，163条を改正するなどして**役員らの自
> 社株売買情報**を公衆開示する方がはるかに合理的です。

4 / 包括的不正取引規制

4.1 包括的不正禁止規定

　相場操縦型とインサイダー取引型のいずれにも該当しないものの，投資者
の市場に対する信頼を害する類の不公正取引があります。これらについて
は，不正行為を包括的に禁止する規定で相当程度，対応することができます。

4.2 不正取引の禁止（157条）

　157条1項は，株式の売買その他の取引において「不正の手段，計画又は
技巧をすること」，つまり，不正と認められる一切の行為を禁止しています。
規制範囲が広過ぎるため罪刑法定主義の明確性の原則との関係で問題とされ

ましたが，「「不正の手段」とは，有価証券の取引に限定して，それに関し，社会通念上不正と認められる一切の手段をいうのであつて，文理上その意味は明確であり，それ自体において，犯罪の構成要件を明らかにしていると認められる」との判断を**那須硫黄工業事件**の最高裁判決は示しています（最判昭和 40・5・25 集刑 155 号 831 頁）。

4.3 偽計取引（158条）

4.3.1 規制概要

158 条は**偽計取引**の禁止規定です。偽計とは，他人に錯誤を生じさせるべき詐欺的または不公正な策略または手段を意味するとされ，詐欺的な行為を広く含みます。157 条 1 項との違いは，文言上は株式等の「募集，売出し若しくは売買その他の取引」のため，偽計を用いることを禁じている点にありますが，実質的にほとんど違いはないともいえるでしょう。

ところが，157 条の不正取引の禁止規定がほとんど利用されないのに対して，本条の偽計取引は積極的に用いられています。本条違反の行為は刑事罰のみならず，課徴金の対象にもなっている点は 157 条と大きく異なるものといえます。

4.3.2 不公正ファイナンスと偽計

証券取引等監視委員会は，不公正ファイナンスといわれるものに対して，偽計取引に当たるとして，告発や課徴金納付勧告などを行ってきました。**不公正ファイナンス**とは，経営の悪化した上場会社について仮装払込みを通じて増資が成功したとみせかけて当該会社の株価を引き上げたり，上場廃止を回避したりするなどしつつ，他方で当該会社の株式を処分することで利益を得るものを指します。これら個々の行為は法定開示書類の虚偽記載や風説の流布，インサイダー取引規制違反などに問いうる行為ですが，当局は包括的に偽計取引として摘発してきました。

旧ライブドア社の最高経営責任者らに風説の流布・偽計の罪を認めた東京高判平成20・7・25判時2023号127頁の事案は，裁判所の判断はやや異なるものの，実質的に相場操縦型とインサイダー取引規制型を融合した不正行為といえます（『金融商品取引法判例百選』（有斐閣，2013年）51事件解説〔梅本剛正〕参照）。

Column	2つの包括的不正禁止規定が必要か

　157条違反が問題となった那須硫黄工業事件は，詳細は不明であるものの，無価値の株に値を付ける目的で仮装売買を行わせたものらしく，他人に誤解を生じさせる目的などについて認定がないことから，仮装売買の罪には問い得なかったようです。現在の規制当局であれば158条の偽計取引で摘発していた事案であるように推測されます。課徴金の対象外とされている157条が今後活用される可能性も低いことを考えると，2つの包括的不正禁止規定を併存させておく意味はほとんどないでしょう。

Discussion	議論しよう

1. 証券会社の従業員A氏が，社員食堂でM&A関連の業務を行っている従業員らの話を耳にして，P社に対する公開買付けが行われることを知りP社株式を購入した場合に，インサイダー取引規制違反は成立するでしょうか。偶然A氏が会話を耳にした場合と，A氏が常に社内で機密情報を物色していた場合とで違いはあるでしょうか（最判令和4・2・25刑集76巻2号139頁参照）。

2. A氏は日用雑貨販売業を営む上場会社P社の株式を空売りしつつ，「いまから継続的にP社の店舗を放火していく」との脅迫状を作成しP社およびメディアに配布しました。その結果，市場ではP社の業績が当面下落すると評価されてP社の株価は下落しました。金商法上A氏はどのような罪に問われるでしょう。

Learning Points

▶証券会社は発行会社や投資者と証券市場とをつなぐ重要な役割を担っています。それだけに，証券会社が違法・不正な行為を行い，社会の信頼を失うことになれば，一般投資者などが損害を被るにとどまらず，経済社会全般に悪影響を及ぼしてしまうことになります。

▶そのため，証券会社の業務内容等には様々な規制が加えられています。本章ではその内容を学ぶことにします。

Key Words

ゲートキーパー，誠実公正義務，適合性原則

1 証券会社の業務内容と規制

1.1 開業規制と業務

1.1.1 証券会社の役割

　一般の投資者にとって，証券市場の入り口にいるのが**証券会社**です。発行会社にとっても，新株発行などで資金調達するに当たっては，証券会社に引受けなどの業務を委託します。証券会社は投資者・発行会社と市場をつなぐ重要な役割を証券市場で果たしています。さらに，投資者が不公正取引を行わないよう，疑わしい注文を市場に入れないよう市場の「門番（ゲートキーパー）」としての役割も担っています。しかし反対に，証券会社が営利を追求するあまり，不適切な営業活動をすることで投資者が損害を被る危険もあります。そのため，業務を行うに当たっては，当局に登録することが求めら

れるほか，投資者保護のための規制・監督に服しています。

このような特定の業種の営業に関する規制を**業規制**と呼びます。保険業のように，別個の法律（「保険業法」）となっているものもありますが，証券業（金融商品取引業）については金商法の中に規制が置かれています。

用語上の注意点として，証券会社との関係において投資者は「顧客」と称されるので，本章においても基本的にこの用語に従います。同じく，法律上の用語との関係で本章では，便宜上，証券業，証券会社の代わりに，金融商品取引業，金融商品取引業者との名称を使うことがあります。

1.1.2 証券業務の種類と内容

証券会社の主たる業務内容については，金商法上は2条8項に金融商品取引業の行為が列挙され，28条1項において，そのうち各種金融商品取引業者の行いうる行為が定められています。一般的な証券会社の業務には，自ら株式の売買を行う自己売買，顧客の売買注文を取り次ぐ委託売買，元引受業務および募集・売出しの取扱いなどがあります。証券会社の自己売買と委託売買は，流通市場における役割・機能であり，引受け，募集・売出しの取扱いは，発行市場における役割・機能です。PTS業務（2条8項10号）については後述します。本書では，主として一般的な証券会社である第一種金融商品取引業者を扱いますが，証券業がそれにとどまるものでないことは第1章で述べたとおりです。

(1)自己売買

自己売買（2条8項1号）は証券会社が自己勘定で売買（取引所内外を問

図表5−1 ▶▶▶ 自己売買

わない）を行い，収益を得るものです。資金力のある証券会社の大量の注文が市場の価格形成を乱さないようにするなどの規制が加えられています（⇒2.3.1項）。

(2)委託売買

委託売買（2条8項2号）は，顧客である投資者の売買注文を受けて市場に取り次ぐものです。かつては証券会社の収入の半分以上を占めていた時期もありますが，手数料の自由化後はその比率は大きく低下しています。手数料の自由化後にディスカウントブローカーがインターネット証券会社を中心に拡大したことも大きく影響しました。委託売買は，投資者の売買手数料が収入源となるため，不正な勧誘・販売が行われないよう行為規制が設けられています（⇒2.2項）。

図表5-2 ▶▶▶委託売買

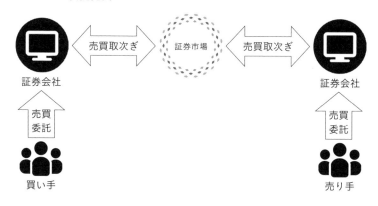

(3)引受け，募集・売出しの取扱い

引受業務（2条8項6号・28条1項3号）は，発行会社が募集株式の発行・売出しをする際に，証券会社が当該株式を自己勘定で引き受けるものですが，引受業務はその後に投資者に株式を分売する**募集・売出しの取扱業務**（2条8項9号）とセットとなるのが通例です（公募増資と引受証券会社について⇒第2章）。後述するように他の業務と異なり，登録要件として最低資本金など財務基準が高く設定されており，実際に大手証券会社がこの業務を行

図表 5-3 ▶▶▶引受け，募集・売出しの取扱い

っています。引受業務は，発行会社の重要な株価関連情報に接するため，常にインサイダー取引の危険と隣り合わせにあります。そのため，証券会社に対して当該情報の管理を適切に行わせる必要があり，そのための規制が加えられています（⇒2.3.1項）。

⑷募集の取扱いの具体例～クラウドファンディング

募集・売出しの取扱業務は，近年法改正が行われた**クラウドファンディングの電子募集取扱業務**（29条の2第1項6号）で理解すると分かりやすいです。電子募集取扱業務とは，証券会社がネット上にポータルサイトなどを設け，そのサイトを通じて資金を調達したい発行会社が，一般の投資者に対して自社株式の取得勧誘等をするものです。クラウドファンディング業者は，ポータルサイトを運営することで，発行会社による株式の募集の手助けはするものの，自ら株式を引き受けることなどはしません。これを募集の取扱いといい，証券会社としての登録が必要な業務です。

Column	自己の計算と他人の計算

　自己売買は証券会社が自己の計算（損益の帰属先は証券会社自身ということ）で売買を行うものであるのに対して，**委託売買**は証券会社が顧客の計算で，自己の名前で売買を行う「**取次ぎ**」といわれるものです。すなわち委託売買では，株式の売買による損益は委託者である顧客に帰属します。証券取引所での売買は，資格を持つ証券会社に限られ，証券会社が売買を取り次ぐことで一般投資者は証券取引所を通じた売買が可能となります（顧客と証券会社の間の受託契約準則につき⇒第6章）。商法上，取次業を行うものを**問屋**（商法551条）といいます。

⑸私設取引システム

証券会社の業務のうち，認可業務となっているのは**私設取引システム**（Proprietary Trading System；**PTS**）業務です（2条8項10号）。PTSとは，証券会社の運営する電子取引システムを通じて，投資者が証券取引所を介さずに株式の売買等ができる仕組みをいいます。

1.2 証券会社に対する規制

1.2.1 規制の必要性

上に挙げたような証券業務を行うには，証券会社として登録しなくてはならないのが原則です。つまり証券会社でないとこれらの業務を行ってはならないということです。なぜなら，引受業務のように大きなリスクを負う業務を自由に認めることはできないし，リスク投資を行うに当たっては詐欺的な儲け話をして顧客に対して不正行為を行う危険性も高く，行政上の監督などが必要となるからです。

証券会社に対する規制は，開業規制，業務規制，行為規制の3つに大別されます。行為規制は後の第2節で説明するので，ここでは他の2つについて説明します。

1.2.2 開業規制

⑴金融商品取引業者としての登録と認可

金融商品取引業を行うには，**登録**を受けて金融商品取引業者（証券会社）となる必要があります（29条）。登録を得るには最低資本金・純資産額や自己資本比率などの財務上の要件のほか，株式会社で監査役設置会社あるいは委員会を設置する会社であることなどのガバナンス上の要件などを満たす必要があります（29条の4第1項5号イ）。**最低資本金**については，登録を受ける業務に応じて額は異なり，たとえば，引受主幹事業務（28条1項3号イ）を行う者は30億円必要となりますが，引受業務以外であれば，原則的

に5000万円で足ります（施行令15条の7第1項）。PTS業務はより要件が厳しい認可業務です(30条)。銀行業と保険業は免許制が採られていますが，登録制も認可制も不適格者の参入を防止するために一定の要件が定められており，それを満たさないと事業を行うことができない点は同じです。参入要件が登録制→認可制→免許制と厳しくなっている点が異なります。

(2)無登録業者

　無登録で金融商品取引業を行う者については，そのこと自体に罰則の定めがあるほか（197条の2第10号の4・207条1項2号），広告・勧誘を行うことも禁じられています（200条12号の3）。また**無登録業者**が未公開株などを売り付けた場合，その売買契約は原則として無効とされます（171条の2）。さらに，無登録業者による未公開株等の販売に対しては，これを止めさせるために，証券取引等監視委員会等が裁判所に対して**緊急差止命令**（192条）を申し立てる制度があり（命令違反につき,両罰規定207条1項3号），実際に1年に数件程度申し立てられています。

1.2.3 業務規制

　証券会社（本書で扱う第一種金融商品取引業者）は，前述した自己売買や委託売買などの主たる業務のほかに，それと密接に関連する付随業務を行うことができます（35条1項）。たとえば，委託売買に関連して顧客に対して株式に関する情報の提供や助言をすることがこれに当たります（35条1項8号）。また，届け出ることにより一定の業務を行うことも認められているほか（35条2項・3項），承認を受けた業務を行うこともできます（35条4項）。ただし，公益に反する業務をすることはできません（29条の4第1項1号ニ参照）。

1.2.4 法令等に違反した場合の効果

　証券会社は，法令等に違反した場合には，登録を取り消され，あるいは，業務停止処分を受け（52条),また業務改善命令を受けることがあります（51条）。証券会社については,これまで,不適切な勧誘・販売行為などによって,

顧客との間で様々な紛争・問題が生じてきたことを踏まえて，様々な禁止行為が法律上定められており，通常，これに違反した証券会社は行政処分を課されます。

　一定の違法・不正な行為をすれば，関係者が刑事責任を問われ，あるいは顧客に対して損害賠償責任を負うこと（⇒2.2.7項）はいうまでもありません。

2 証券会社の行為規制

2.1 証券会社の業務と投資者保護

2.1.1 誠実公正義務

　証券会社は顧客に対して誠実公正に業務を遂行することが求められています。金商法に定められていた証券会社の**誠実公正義務**（旧金商法36条）は，2023（令和5）年の改正において，証券会社に限らず広く金融サービスの提供等に係る業務を行う者の顧客等に対する誠実公正義務として，新たに規定が設けられることになりました（金融サービス提供法2条）。投資者は証券会社を通じて株式を売買します。初めて株式投資をする一般人も最初に接触するのは証券会社です。前述したように，証券会社は付随業務として，株式に関する情報の提供や助言をすることができますが（35条1項8号），顧客は専門的知識を有する証券会社に様々な情報・助言を求めることが少なくありません。

　証券会社は，慈善事業を行っているのではなく，営利目的の会社です。証券会社のビジネスは，顧客から得られる手数料収入などにより成立します。そのため，証券会社の役員や使用人が，専門家としての知識を利用して，顧客の利益よりも会社の利益を重視する姿勢をとるおそれがあります。たとえば，顧客の利益にならない過当な売買を繰り返すよう顧客に助言したり，顧客の属性を顧みずに証券会社の収益が増えるような金融商品を顧客に勧めた

りすることなどです。証券会社が情報上の有利さを利用して，顧客利益を犠牲にして営利を追求することになれば，証券会社に対する信頼が失われ，証券会社の扱う株式などの金融商品の取引を人々が敬遠することになりかねません。誠実公正義務を証券会社のみならず，企業年金等の関係者一般の共通の義務として定めることで，顧客本位の業務運営の一層の定着を図ることが期待されています。

2.1.2 自己責任原則

投資者保護といっても，投資者が株式投資などにより損失を被らないようにすることが目的ではありません。むしろ，損失を被った投資者が証券会社などに責任を転嫁することは禁じられるべきです。投資者が自らの判断で，株式の売買を行う限り，損失を被ったとしてもその結果は自ら引き受けるべきです。これを**自己責任原則**といいます。証券会社の勧誘により売買を行ったとしても，原則として証券会社に損害賠償を請求することはできません。証券会社が事後的に一部の投資者に損失を補てんすることも禁止されています（⇒2.4項）。しかし，証券会社が投資判断を歪めることを告げるなどして一般人を株式投資に引き込み，損失を被らせたのであれば，自己責任を問う前提が崩れ，当該証券会社に対する損害賠償請求が正当化されます。

2.1.3 個別規制の概要

証券会社の誠実公正義務の内容を具体化したものとして，証券会社の禁止行為などが定められています。金商法が定める証券会社の禁止行為（38条）は，証券会社や役員・使用人の行為を対象としています（以下，本章では「証券会社等」といいます）。株式等の販売・勧誘をはじめとして証券会社等のなすべきこと，なすべきでないことの一覧を定め証券会社自身の違法・不当な行為を禁じ，顧客の適正な投資判断を促すほか，顧客の不正を事前に防止することを目的とした禁止行為も定められています。

以下では，まず2.2項において販売・勧誘規制について説明を加えます。ここでは，一般投資者の保護が念頭に置かれているため，プロ投資家は適用

除外とされるものが少なくありません。販売・勧誘過程における証券会社等の違法・不当な行為は，顧客から不法行為責任など民事責任を問われる裁判例が豊富にあるので，それについても併せて見ておくことにします。販売・勧誘以外の行為規制については，不正取引等の防止・禁止という点から，2.3項において証券会社自身の取引の不正行為の禁止および顧客の不正を防止する役割について説明し，2.4項で損失補てんについて説明します。

2.2 販売・勧誘規制

2.2.1 概要と規制趣旨

(1)広告・勧誘・販売と投資者保護

顧客が株式の売買を行うには，原則的に証券会社を介す必要がありますが，そこに至るまでの証券会社の行為の典型的な流れを示すと，

①広告→　②勧誘→　③販売

となります。**販売・勧誘規制**という場合，（区別が明確でない場合もあるめ）①の広告も含まれることが多いです。②の「**勧誘**」は発行開示規制でも見たように（⇒第2章3.2.2項(1)），一般人に対して売買を行うよう働きかけることが広く含まれます。①～③の区別は議論の整理のためであり，インターネット取引のように①や②を経ずに投資者が直に証券会社に対して売買注文をすることがあることは，いうまでもありません。

販売・勧誘規制において，虚偽や誤解を招くような広告や勧誘を証券会社等にさせないことが重要であることに説明は不要でしょう。それに加えて，投資者の適正な投資判断を妨げるような情報の提供も，規制する必要があります。他方で，証券会社等は投資の専門家として，株式などの金融商品のリスクなどの情報を提供する義務を負っています。金商法は多くの場合に，販売と勧誘のいずれについても同じ規制を加えています。勧誘のみの規制としては**適合性原則**や高リスク商品に適用される**不招請勧誘禁止**規制（⇒後掲Column「複雑で高リスクな商品の販売・勧誘規制」）などがあります。後述

するように，十分な理解力がないなど一定の者に対しては株式などのリスク商品の勧誘をすること自体が禁じられています。理屈の上では，販売行為のみに規制を加えれば足りるかもしれませんが，その前段階の勧誘ないし広告で規制を加える理由は，それらの前段階の行為により投資者らの判断が歪められてしまうことを防止するためといえます。

(2)外務員制度

販売・勧誘規制の内容を説明する前に，**外務員**制度について簡単に説明しておきます。証券会社は株式の売買などの勧誘や販売を行うに当たっては，登録を受けた外務員資格を有する者だけに当該行為を行わせる必要があります（64条1項・2項）。そのため，販売・勧誘規制違反が問題となるのは外務員によるものが大半です。外務員の違法・不正な行為については，原則として所属する証券会社が責任を負います（64条の3）。

2.2.2 広告規制

広告規制においては，虚偽広告や誤解を招く表示など一定の表示を禁止し，他方で，商号・登録番号のほか，手数料や元本損失など金融商品のリスクを表示することを義務付けています（37条1項）。広告は不特定多数人を対象とし，勧誘は特定人を対象にすると区別されますが，広告規制には「広告類似物」も含むため（37条2項），勧誘行為との区別は明確ではありません。

図表 5−4 ▶ ▶ ▶ 証券会社の広告規制

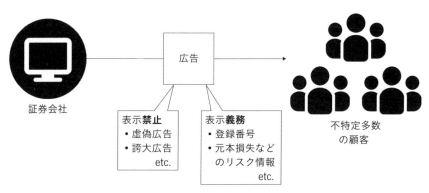

138

2.2.3 虚偽告知・虚偽表示などの禁止

　販売・勧誘規制においては，証券会社等が，顧客の意思形成の過程に不当な影響を与えることを禁ずるものが多くあります。たとえば，「この会社は国が倒産させないので，安全です」など真実でない事実を告げることが禁じられています（**虚偽の告知**の禁止：38条1号）。証券会社が交付するパンフレットに虚偽がある場合には告知ではなく表示と解されることもありますが，「告知」と「表示」の区別は明確ではありません。そのため，虚偽の告知ばかりでなく，虚偽を含む不適切な表示行為一般についても広く禁じられています（金商業府令117条1項2号）。

2.2.4 断定的判断の提供禁止

　販売・勧誘規制において，しばしば問題となるのが，不確実である事実について断定的な判断を提供して，勧誘したり販売したりすることです。「この銘柄を買えば，かならず儲かります」など，本来は不確実である個々の銘柄や相場の値動き・価値等について，証券会社等が一定の判断を下すこと，すなわち「**断定的判断の提供**」も禁じられます（38条2号）。

　虚偽の告知が，投資者の判断の基礎となる事実につき偽りを告げることで判断を歪めるのに対して，断定的判断の提供は投資判断の基礎となる評価について判断を提供するものである点で異なりますが，いずれも投資者の意思形成に不当な影響を与える行為として禁じられています。証券会社等は顧客が投資判断をする材料を提供するにとどめ，投資判断に関わる部分に介入することを控えることで，顧客が自らの責任で投資判断を行いうるようにしたものといえます。虚偽告知の禁止や断定的判断の提供禁止は，金融サービス提供法5条や消費者契約法4条1項2号にも類似の規制が存在します。

2.2.5 適合性原則——勧誘規制

　株式の売買の勧誘規制の主たるものとして，**適合性原則**があります。証券会社等は，顧客の知識・経験・財産の状況および金融商品取引契約を締結す

る目的に照らして不適当と認められる勧誘をしてはならない（40条1号）と定められています。投資経験もなく財産も少ないことが明らかな者を狙って，リスクの高い金融商品の売買を勧誘してはならないということです。それぞれの顧客に適合した株式（金融商品）を勧誘しなくてはならない，ということの前提として，証券会社は顧客がどのような者であるかについて知っておく必要があります。実務上は，証券会社は「**顧客カード**」を整備し，そこに顧客の投資目的や投資経験等の情報を記録することとなっています（日証協・投資勧誘規則5条）。適合性原則は本来的には行政監督上の規制であり，違反の効果は行政処分ですが，後述するように適合性原則から著しく逸脱した勧誘を行った場合には，証券会社は顧客に対して不法行為に基づく損害賠償責任を負う場合があります。

図表5-5 ▶▶▶適合性原則

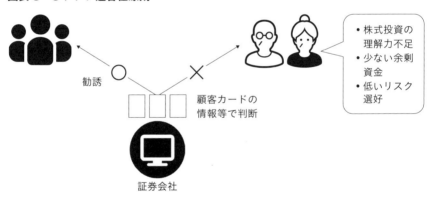

2.2.6 説明義務

(1)契約締結前情報提供義務

証券会社等は，金融商品の専門的知識経験を有する者として，顧客に対して株式の内容等について説明する義務を負います。これを**説明義務**といいます。金商法においては，**契約締結前情報**を顧客に提供することが求められ（37条の3），その内容について顧客の属性に応じて説明を加えることが求められています（37条の3第2項）。契約締結前に情報提供される事項は，金

図表5-6 ▶ ▶ ▶ 証券会社の提供すべき情報

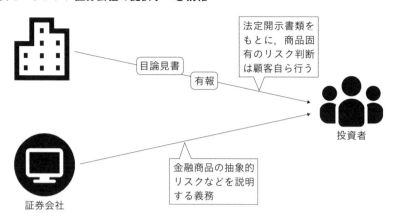

融商品取引契約の概要や手数料のほか相場変動などにより顧客が損失を被る
おそれについても情報提供し説明することが求められています（37条の3
第1項各号参照）。

⑵企業内容開示と証券会社の説明義務

第2章で学んだ企業内容開示と証券会社の説明義務について整理すると，
次のようにいうことができます。すなわち，金融商品の抽象的なリスク，た
とえば，株式であれば将来の値下がりリスクや，無配，減配となるリスクな
どについては，証券会社等が顧客に説明する必要があるが，個々の会社や株
式固有のリスクなど投資判断に関わる事柄については，目論見書などを通じ
て顧客自ら判断することが求められているということです。

2.2.7 関連する民事責任などの規制

⑴販売・勧誘規制違反と不法行為責任

金商法上の販売・勧誘規制に違反した場合は，当該証券会社は規制当局に
よる行政処分を受けるのはもちろんですが，証券会社が顧客等に対して損害
賠償責任を負うことも少なくありません。法的根拠となるのは，主として民
法の不法行為責任（民法709条・715条）です。最高裁は適合性原則違反の
勧誘により顧客に損害を被らせた場合には，不法行為責任が生じるとの判断

を示しています（最判平成 17・7・14 民集 59 巻 6 号 1323 頁）。

図表 5-7 ▶▶▶証券会社の対象となるペナルティ

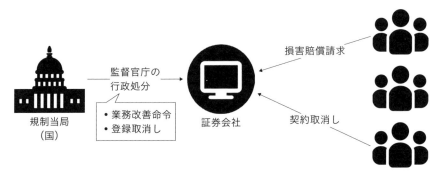

損害賠償請求

監督官庁の
行政処分

・業務改善命令
・登録取消し

規制当局
（国）

証券会社

契約取消し

(2)金融サービス提供法

　株式などの金融商品の販売の際に，販売業者に対する損害賠償責任の追及
を容易にすることを目的としたものとして金融サービス提供法があり，消費
者契約法も投資者と証券会社との間の契約に適用されます。金融サービス提
供法は，金融商品のリスクに関する重要事実の説明を証券会社に求めていま
す。証券会社がこの説明義務を怠ったり，あるいは断定的判断を提供したり
した場合には，顧客は損害賠償を求めることができます（金融サービス提供
法 6 条）。損害額が推定されるなど，通常の損害賠償責任よりも立証の負担
が軽くなっています（同法 7 条）。

(3)金商法等の説明義務と信義則上の説明義務

　ところで，金商法や金融サービス提供法で説明することが求められている
内容は，金融商品のリスクつまり，株式投資をすれば元本が失われる可能性
があるなど一般的な説明にとどまります。個々の株式のリスクについてまで

Column	複雑で高リスクな商品の販売・勧誘規制

　本書の対象外ではありますが，デリバティブ取引など複雑で高リスクな金融商品につい
ては，勧誘行為そのものに制限を設けるものもあります（**不招請勧誘の禁止**；38条 4 号，
再勧誘の禁止；38条 5 号・6 号）。

及ぶわけではありません。しかし，投資者とのやり取りの中で，個々の銘柄のリスクが話題になることは容易に想像できますし，そこで，証券会社等が誤解を招く発言をすることもありえます。そのため，**信義則上の説明義務**も認められており（最判平成23・4・22民集65巻3号1405頁），これに違反した場合には証券会社等は顧客に対して不法行為責任を負うことがありえます。

　金融サービス提供法に基づき損害賠償責任が追及された事例は数えるほどしかなく，ほとんどが民法の不法行為に基づく責任追及です。なお，適合性原則などが問題となる金融商品は，投資信託や仕組債など高リスクな金融商品が大部分で，信用売買を除き，現物株式の売買について説明義務違反が問題となるものは極めて少ないです。

2.3 　不正行為の抑止

　証券会社は自身の不正行為が法律上禁じられているのはもちろん，顧客による不正取引の防止も義務付けられています。証券市場と密接に関連する証券会社は，市場における違法行為を防ぐゲートキーパーとしての役割を期待されているからです。インサイダー取引や相場操縦などの不正取引を事後に摘発するのは容易ではありません。事前の予防措置が重視されるのはそのような理由からで，不正取引が市場で行われる前に，証券会社に対する行為規制を通じて水際で対応しようというものです。

2.3.1 　証券会社による不正行為の禁止

　金商法において証券会社が不正防止のために求められる行為や禁止される行為は多くありますが，主要なものをいくつか見ておきます。

⑴法人関係情報の管理など

　引受業務や募集売出し業務などを行う証券会社は，上場会社の重要情報に接する機会が多くあります。インサイダー取引防止の見地から，法は投資判断に影響を及ぼす未公表の重要事実である「**法人関係情報**」（金商業府令

1条4項14号）を適切に管理することを証券会社に求めています（40条）。同時に法人関係情報を顧客に提供して株式の売買等の勧誘をすることも禁止します（金商業府令117条1項14号）。

(2)作為的相場形成取引の禁止

証券会社等は，株式の相場を変動させる等の目的をもって株式の売買を行うこと等（「**作為的相場形成取引**」といいます）が禁止されます（金商業府令117条1項19号）。第4章で学んだ相場操縦と異なり，他の投資者の売買を誘引する目的は要件となっていません。

2.3.2 顧客による不公正取引の事前予防

顧客によるインサイダー取引規制違反となる注文の受託を禁止するほか（金商業府令117条1項13号），顧客による作為的相場形成取引の受託等を禁止しています（金商業府令117条1項20号）。

図表5-8 ▶▶▶顧客の不正への対応

2.4 損失補てん等の禁止

2.4.1 規制概要

証券会社は，事前・事後を問わず株式の売買等により顧客が被った損害を補てんする約束等をしてはならないし，事後的に補てん等をすることも許されません（39条1項）。金商法は損失補てんに関わる行為を広く捉えて禁止

していますが，ここでは，これらを「**損失補てん等**」と呼びます。顧客も損失の補てんを証券会社に要求してはなりません（39条2項）。これらに違反した者は，刑事罰の対象となります。

2.4.2 規制趣旨

　株式投資が自己責任に基づくものであるなら，損失補てん等の禁止は当然の帰結のようにも思われます。しかし，証券会社が顧客との関係を維持するために任意で損失を補てんしようと考えることは合理性を欠くとまではいえませんし，顧客も損失の一部でも肩代わりしてもらえるのなら，（保護されることはあっても）害されることはありません。特定の顧客が損失補てんを受けたからといって，他の顧客が損失を被るわけでもありません。それでは，証券会社の損失補てん等を禁止すべき理由は，どこに見出すことができるのでしょうか。

　立法の経緯を振り返ると，損失補てん等により証券会社の財務上の健全性が害される危険があったことや，特定の大口顧客にだけ損失補てん等がなされたことが不公平であるとの批判がありました。そのため，規制根拠も証券会社の財務上の健全性確保や証券会社・証券市場に対する信頼が害されないようにすることに求めることができそうです。

　ところで，39条の文言は「金融商品取引業者等は…してはならない」とあり，証券会社の行為として損失補てん等をすることが禁止されています（これに対して，38条は証券会社に加えて「その役員若しくは使用人」の行為も禁止対象としています）。ここでは，役員・使用人が個人の財産で行う損失補てん行為は直接的に禁止されていないと見ることができます。そうすると，本条の規制趣旨も証券会社の財務的健全性を害さないことを主たる目的としたものと考えるのが自然です。しかし，会社が役員・使用人の個人的な損失補てん等を推奨しているような場合なども，会社の行為と見ることは可能ですし，そのような場合にも証券会社ひいては証券市場に対する一般の信頼は著しく損なわれることになります。それゆえ，証券会社の役員や使用人が自分のポケットマネーで顧客に損失補てん等を行ったとしても，それを

会社の行為と評価することができる限り，禁止対象に含まれると解してよい
と思われます。

図表 5−9 ▶ ▶ ▶ 損失補てんの禁止

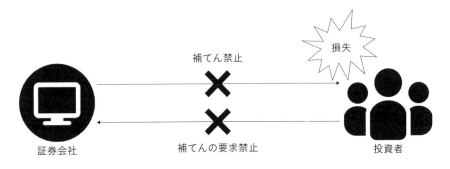

補てん禁止　　　　損失

証券会社　　補てんの要求禁止　　投資者

3 ╱ **顧客資産の保護**

3.1 ╱ 金融機関の利用者保護

　証券会社は銀行や保険会社などの金融機関と同じく，認可や登録が求めら
れ，国の監督を受ける規制産業です。これら金融業に共通する規制内容の1
つが，財務規制であり，金融機関が過大なリスクをとるなどして倒産するこ
とにより，預金者や保険契約者，投資者が不利益を被らないようにするため
のものです。また，かりに金融機関が倒産しても，預金保険機構，保険契約
者保護機構，投資者保護基金など一定額まで顧客資産を保護するための制度
が存在します。ただし，証券会社の顧客保護には他の金融機関と異なる特色
も存在します。

3.2 ╱ 分別管理

　証券会社は，有価証券等管理業務を行うに当たっては，**分別管理**をしなけ

ればなりません（43条の2）。証券会社の財産と顧客等の財産等の分別管理を確保していなければ，自己売買や委託売買等の業務を行うことを禁じられます（40条の3）。銀行の伝統的なビジネスモデルは受け入れた預金を貸し付けることにより，利ざやを稼ぐことです。預金者の預金は貸付けに回るため，（預金保険機構が存在しなければ）銀行が破たんすると，預金者は債権者として破産手続きに参加するほかはなくなります。これに対して，証券会社の顧客が売買により保有する上場会社の株式は，証券保管振替機構（口座振替機関）において，証券会社の自己売買分と顧客の保有分とを区別して，管理されています。また，買付けのために，証券会社に預けた金銭や株式の売却代金などで証券会社に預けたままとしているものがありますが，それら顧客の預り金などは信託銀行で分別保管されます。このように，顧客資産の分別管理義務があるため，かりに証券会社が倒産しても顧客の資産は原則的に影響を受けないことになります。

図表5-10 ▶▶▶自己の資産と顧客資産の管理

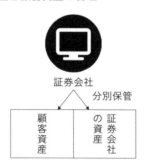

証券会社

分別保管

顧客資産	証券会社の資産

3.3　投資者保護基金

　銀行の場合は，かりに銀行が破たんしても，預金者の預金は1000万円までは預金保険機構により保護されることとなっています。この規制趣旨は，預金者保護というよりも，信用秩序の維持という点にあります。

　証券会社が破たんした場合は，前述3.2項のとおり，分別管理が適切に行われている限り，顧客が損失を被ることは基本的にないといってよいでしょ

図表 5 - 11 ▶ ▶ ▶ 投資者保護基金のイメージ

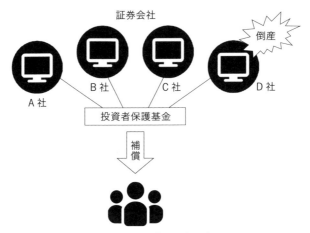

基金の会員である D 社の一般顧客

う。しかし，なんらかの理由で証券会社が分別管理を怠っていた場合には，顧客の資産は保護されないことになります。このようなリスクから投資者を保護することを目的に**投資者保護基金**が存在します（証券会社が仮装した取引も，補償対象債権に当たるとしたものとして，最判平成 18・7・13 民集 60 巻 6 号 2336 頁参照）。基金は，破たんした証券会社が弁済できない補償対象債権につき，1000 万円を上限に一般顧客に支払います（79 条の 56）。

Discussion   議論しよう

証券会社の従業員が顧客を訪問して，高配当銘柄のリストを示して「定期預金をするのは馬鹿らしくなりませんか」と勧誘し，顧客が不安を述べたところ「絶対大丈夫です」と答えたので，その中の 1 つ P 社株式を購入したところ，まもなく P 社が倒産したとします。損失を被った顧客は証券会社に損害賠償を請求することができるでしょうか。

また，ネット証券会社の顧客が，同社の HP に掲載されていた高配当ランキングを見て，十分に理解しないまま上位の Q 社に投資した結果，同じように損失を被った場合はどうでしょうか。

第 **6** 章 証券取引所

Learning Points

▶ 証券取引所は，株式が集中して取引される場であり，世間的には証券市場と同義のものとして語られることもあります。

▶ 株式取引の場としての証券取引所は，近年は PTS や海外の取引所との競争にさらされ，組織形態も様変わりしています。上場や上場廃止など社会的に影響の大きな決定を行っていますが，それらは金商法によるものではなく自主規制に基づくものです。

▶ 取引所は金融商品の取引の場としてばかりでなく，自主規制機関としても重要な役割を担っています。

Key Words

市場再編，自主規制，市場間競争，PTS

1 証券取引所の役割

1.1 証券取引所の成り立ちと機能

1.1.1 市場の開設・運営と自主規制

証券市場（条文上は「金融商品市場」）は原則的に免許を受けた証券取引所しか開設することができません（80条1項）。また，証券取引所は市場の開設と附帯する業務以外を行うことは原則としてできません（87条の2第1項）。他の業務を行うことで過大なリスクを引き受けたり，その業務との関係で自主規制機関としての中立性が害されたりするおそれがあるからです（ただし，この専業義務は近年緩和される傾向にあります。87条の2第1項）。

証券取引所の機能・役割には，大きく分けて証券市場の運営と**自主規制業務**という2つのものがあります。金商法において証券取引所は，売買を公正かつ円滑にし，投資者の保護に資するよう市場を運営することが求められています（110条）。他方で株式の売買などを公正にし，投資者を保護するために，自主規制業務を適切に行うことも求められています（84条1項）。証券取引所に公共性があるといわれ様々な規制が加えられているのは，その自主規制機関としての役割に由来しますが，それについては第3節で説明します。ここでは市場の開設を中心に説明します。

市場の運営と自主規制業務を区別して説明しましたが，自主規制業務は後述するように（⇒第3節），特定の自主規制を指すものであり，証券取引所が作成する規則のすべてではありません。市場運営のための市場規制も広い意味では取引所の自主規制といえます。歴史的に最初に登場する取引所は商品取引所ですが，その重要な役割は取引対象を標準化・規格化することでした。取引所における取引の対象が規格化されることにより，当事者どうしが取引条件等について個別に交渉し品質をチェックしたりする手間ヒマを省略できる，というメリットがありました。取引対象商品の銘柄を区別し検査し，契約が適正に履行されるようにするほか，問題が生じた場合に取引参加者間の仲裁等を行うのが古くからの取引所の役割でした。売買対象や売買単位など市場の決まり事，ルールを定めるのは，取引所の成立時から重要な役割だったといえます。

1.1.2 市場規制

証券取引所の最も基本的な機能は，多くの売買注文を集中して付け合わせる（マッチング）ことにより，売買を成立させることです。かつては，**市場集中原則**といわれるものがあり，証券会社はすべての注文を証券取引所に集中させる義務を負っていましたが，今日では撤廃され，後述するPTSなどにおいても注文が執行されています。しかし，依然として証券取引所が中心的な市場であることに変わりはありません。多くの売買を1か所で集中的に付け合わせる方がより有利な価格で売買が成立する蓋然性が高まるからです。

証券市場の売買がスムーズに行われるためには，売買の方法を定型化する

必要があり，そのために取引所は様々な規則を設けています。代表的なものが東証が業務規程で定めている，市場の売買を**価格優先・時間優先の原則**という競争売買の方法によるとするものです（東証業務規程10条「競争売買の原則」）。また，売買単位や売買値の刻み方（呼値）を一定とすることでも売買の円滑化を促しています（東証業務規程14条（呼値）・15条（売買単位））。なお，東証は2018（平成30）年10月より原則的に上場会社株式の売買単位を100株単位としています（上場規程427条の2参照）。このほか，値幅制限や売買停止措置なども実務上は重要なルールです（128条，東証業務規程29条）。

1.1.3 価格形成と公表

(1)取引所における価格形成

取引所で多くの売買注文が成立することは，注文を出した投資者の利益となるだけではありません。多くの売買注文に基づいて形成された株価は，それだけ多くの投資者の情報・評価が反映されており，売買注文を出していない投資者の投資判断においても重要な情報ということができます（「**価格発見機能**」と呼ばれることもあります）。

(2)価格情報の重要性

第1章2.2.4項で見たように，投資者は特定銘柄を売買することを決定しても，実際に注文を出すに当たりいくらで発注するのか，を判断する必要が

図表6－1 ▶ ▶ ▶ 証券取引所の価格形成

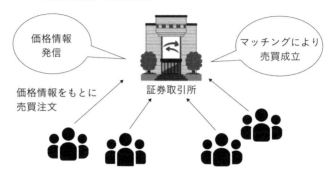

あります。参考となるのは当該銘柄の直近の株価であり，実際に株価情報は新聞やネットで目にすることができます。営業日ごとに株価が公表される法的根拠としては，金商法が取引所に対して開設する市場に上場する銘柄ごとに，毎日の**四本値**（始値・高値・安値・終値），約定数などを会員等に通知・公表し，国に報告する義務を負わせていることにあります（130条・131条，取引所府令74条・75条など）。

1.2 　市場間競争

1.2.1 　市場間競争と市場の分裂

　市場間競争とは，証券取引所などが相互に競争することを指しますが，上場獲得競争と注文獲得競争の2種類のものがあります。上場獲得競争は取引所が魅力的な上場銘柄を自市場に揃えようとして，上場に値する優れた会社を発掘するよう各取引所が努力するものです。しかし，上場獲得競争は上場基準の緩和競争に陥って上場に値しない会社まで誘致するおそれもあります。注文獲得競争は，取引所に加えてPTSのような取引の場が相互に投資者の注文を呼び込むように競争するもので，これにより効率的で洗練されたシステムの導入が各市場で促されると期待されています。ただし，注文獲得競争も取引の場が多くなりすぎると市場の価格形成機能が害される危険があります（「市場の分裂」といいます）。

1.2.2 　最良執行義務（最良執行方針）

　上場株式の売買は，必ずしも1つの市場で行われるとは限りません。複数の市場に上場され各市場で売買されることもあれば，証券会社のPTS（⇒第5章1.1項）において売買が行われている場合もあります。顧客の注文をどの市場に出すかは，原則として顧客が選択するものですが，一般の投資者はどの市場で執行すればより有利な結果を得られるか知らない場合が多いです。

図表6-2 ▶▶▶ 証券会社の最良執行義務

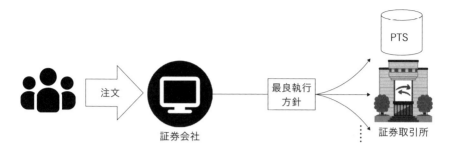

　証券会社は誠実公正義務などにより，最良の取引条件で顧客注文を処理する義務（**最良執行義務**）を負いますが，どの市場で執行するのが最善であるかは，一義的には決まりません。一般的にいうなら，注文のあった銘柄の売買高の多い市場が最良である場合が少なくありません。しかし，売買高が少ない市場でも有利な価格で執行される場合もありえます。そこで，証券会社は最良の取引条件で執行するための方針・方法（**最良執行方針等**）を定めて，公表することにより，この方針に基づいて顧客の注文を執行することが求められています（40条の2）。

Column **情報通信技術の進歩と証券取引所**

　情報通信技術の進歩が証券市場や規制の在り方に大きな影響を与えていることは，これまでも見てきましたが，証券取引所についても同じことがいえます。たとえば，アメリカでは電信電話システムが整備される19世紀後半に，それまで100以上存在した地方の証券取引所は大部分が消滅しました。日本においても，（理由は異なりますが）各地に存在した現物株式の取引所は今日では，4つに減少しています。他方でインターネットなどが発展した今日においては，取引所以外の取引の場が発展し，市場を分散させる動きも見せています。近年では情報技術の進展により，株式売買の注文や変更，取消し等を，アルゴリズムを用いて自動的に行う取引が増加しており，市場の安定性や取引の公正さなどの見地から懸念が指摘されていました。そこで，2017（平成29）年金商法改正により，かかる高速・高頻度の取引（HFT；High Frequency Trading）を行う者に対して登録制度が導入されました。

2 / 証券取引所の組織

2.1 組織形態

2.1.1 会員制法人と株式会社

証券取引所の組織形態は会員制法人か（一定の要件を満たす）株式会社でなければならないと定められています（83条の2）。

(1)会員制法人

会員制の取引所では，会員である証券会社が所有者であると同時に証券取引所の利用者でもあります。生活協同組合や相互保険会社などと類似した組織形態と考えればよいでしょう。

図表6-3 ▶▶▶会員制法人の取引所

(2)株式会社

一方，株式会社の形態を採る取引所（条文上は「株式会社金融商品取引所」）の場合には，所有者（株主）と利用者は分離し，取引所で売買を行う

図表6-4 ▶▶▶株式会社の取引所

資格を有する証券会社は**取引参加者**といいます。

2.1.2 持株会社と JPX

⑴持株会社

証券取引所持株会社とは，認可を受けて株式会社取引所を子会社とするものをいいます（106 条の 10 第 1 項）。取引所が国際的に他の取引所などと提携等を行うことができるようにしたものであり，東証と大阪取引所を子会社とする日本取引所グループ（JPX）は，この証券取引所持株会社です。

⑵日本取引所グループの組織形態

2000（平成 12）年証券法改正以前は，証券取引所は会員制法人の組織形態を法律上強制されていたため，東証も旧・大阪証券取引所も会員制の組織形態を採っていました。2000（平成 12）年の証取法改正を契機に，両取引所は株式会社形態を採るに至り，その後共通の持株会社を持つ現在の組織形態となっています。わが国の証券取引所の中で，現在会員制法人で運営されているのは札幌証券取引所と福岡証券取引所であり，日本取引所グループと名古屋証券取引所は，株式会社形態を採っています。日本取引所グループの東証が株式売買の中心市場であることから，本書では東証のルールを中心に説明を加えます。

東証と大阪取引所（OSE）は株式会社形態を採りますが，**日本取引所グループ（JPX）** という共通の持株会社を有しています。JPX は証券取引所を子会社とするに当たり，認可を得ています（106 条の 10 第 1 項）。JPX は取引所以外にも，後述する自主規制法人と，約定した注文の清算手続きを行う日本証券クリアリング機構を傘下に持っています。

図表 6-5 ▶▶▶日本取引所グループ

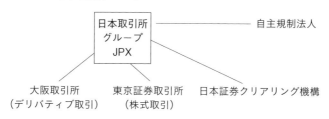

東京証券取引所は，旧大阪証券取引所との経営統合などにより多くの市場を抱えたことで各市場の役割やコンセプトは曖昧になっていました。そこで，従来の市場区分を見直して，2022年４月より「プライム市場」「スタンダード市場」「グロース市場」の３市場に整理しました。新たな市場区分ではプライム市場についてはグローバルな投資家との建設的な対話を中心に据えた企業向けの市場とするなど市場の特徴を明確化するとともに，市場の特徴に合わせて流動性やガバナンスなどで各市場の上場基準が設定されました。そのほかにも市場再編に併せて株価指数TOPIXの改革など様々な取組みがなされています。

2.2 株式会社化のメリット

2.2.1 意思決定方法

会員制の証券取引所が株式会社化するのは，わが国に限ったことではなく世界的な流れでもあります。会員制法人が株式会社化する理由としてはいくつかのものが考えられます。1つは意思決定の迅速さです。会員制法人のような非営利法人では，会員である各証券会社が会員総会において，１社１票ずつ持っています。平等性は確保されますが，利害が対立する問題が多く出てきても，内部の調整に時間を浪費してしまい，柔軟な対応が取れなくなるおそれがあります。株式会社のような資本多数決であれば，多数を制する大株主集団が形成されている限り，意思決定そのものに難渋することはありません。

2.2.2 資金調達

証券取引所の株式会社化の２つ目の理由は，資金調達の必要性です。多額のシステム投資を継続的に求められるようになった証券取引所にとって，（会員制と異なり）株式を発行して資金調達できるのは，株式会社形態を採る大きなメリットです。ただし，自らが上場会社となる場合には，次に見るように，自主規制との関係で問題が生ずるため，法的手当てがされています。

2.3　株式会社取引所の規制

このように主要な証券取引所は株式会社形態を採り，上場会社となっています。証券取引所が株式会社形態を採るに当たっては，会員制法人では問題となりえなかったいくつかの課題への対処が必要となります。以下では自己上場と**議決権制限**について説明します。

2.3.1　自己上場

株式会社形態を採る証券取引所が，自己の発行する株式を自市場に上場することを，**自己上場**（self-listing）といいます。ここで問題となるのは，自主規制の利益相反です。JPX は，その株式を東証に上場していますが，子会社である東証や自主規制法人は JPX 株式に対して他の銘柄と同じように自主規制権限を行使するのか，公正さを疑われるおそれがあります。そのため，取引所株式に対する自主規制権限行使の公正さを確保するために，取引所の自己上場については当局の承認事項となっています（124 条）。当該上場に関して市場の取引の公正さが確保されていることが承認の要件となっていることなどもあり（124 条 2 項 2 号），上場後の上場管理等が適切になされるよう，JPX では自主規制法人に自主規制業務が委託されています。

図表 6 - 6 ▶ ▶ ▶ 取引所の自己上場

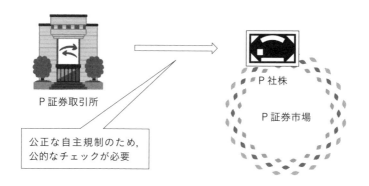

P 証券取引所

P 社株

P 証券市場

公正な自主規制のため，公的なチェックが必要

議決権制限

　株式会社証券取引所の支配権を特定の者が握ることとなると，市場の公共性が害されるおそれがあります。そこで，株式会社取引所あるいは取引所持株会社の株式については，原則 20％以上を取得・保有することが禁じられ（103 条の 2 第 1 項・106 条の 14 第 1 項），5％を超えて保有する場合にも，届出書を提出することが求められています（103 条の 3・106 条の 15）。

3 自主規制

3.1 自主規制業務の概要

3.1.1 自主規制業務とは

　証券市場は，売買を公正かつ円滑にし，投資者の保護に資するよう運営される必要があります（110 条）。取引所は開設する市場における売買が公正になされるように，様々な規則を作成し執行しています。一般に取引所が自主規制機関といわれるのは，このような規則の作成・執行を行うことを指しますが，法律上は**自主規制業務**と称され，証券取引所は株式の売買などを公正にし，投資者を保護するために，自主規制業務を適切に行うことが求められています（84 条 1 項）。

3.1.2 自主規制業務の委託等

　取引所は，自主規制業務を行うに当たっては，任意の方法で行うことができますが，**自主規制法人**に自主規制業務を委託する方法（102 条の 2 以下），あるいは株式会社取引所の場合には，**自主規制委員会**を設けて行う方法（105条の 4 以下）について，定めが置かれています。JPX の東証および OSE においては，自主規制法人に自主規制業務を委託する方法が採用されています。

図表6－7 ▶▶▶自主規制法人の役割

本書では，説明の簡易化のため，自主規制の主体について両者を区別せずに，すべて証券取引所として記述します。

3.1.3 金商法における自主規制に関する規定

自主規制業務とは，①株式などの上場・上場廃止に関する業務，②取引参加者の法令遵守状況のチェック，③その他，取引参加者の審査や市場の売買審査，上場管理などの業務がこれに当たります（84条2項1号・2号）。上場会社に対する規制と取引参加者（証券会社）に対する規制，市場取引に対する規制の3つに分けることができます。法律上業務規程に細則を置くべき事項として，取引参加者に関する事項，上場・上場廃止に関する事項などが挙げられています（117条1号・4号）。これに基づいて，東証においては**有価証券上場規程**，**取引参加者規程**が定められています。

定款や業務規程・受託契約準則の変更は，当局の認可事項です（149条，委任された細則の変更も同じです。取引所府令63条）。国が証券取引所に対して監督上の処分権限を有する（152条）ことと相まって，取引所の自主規制といえども，自ずとそこには制約が加えられていることには注意が必要です。

Column ┃ **市場規制と自主規制の区別**

84条1項の自主規制業務の「上場・上場廃止に関する業務」には上場審査基準・上場廃止基準の作成・変更等は含まれていません（84条2項1号，取引所府令7条）。上場審査基準・上場廃止基準の作成が自主規制業務以外の取引所の業務とされる理由は，どの

ような企業を上場させるか，どのような場合に上場廃止するかなどは市場開設者固有の業務であり，経営上の判断が関わるからであると説明されています。取引所の広義の自主規制は司法審査に服し，その裁量は広いといわれますが，経営上の判断が関わる市場規制業務よりも公正さの期待される自主規制業務については，裁量の幅は狭いと見ることができそうです。

3.2 規制内容

3.2.1 上場会社に対する規制

　有価証券上場規程は，有価証券の上場審査，上場管理，上場廃止その他上場有価証券に関して必要な事項を定めています（上場規程 1 条 1 項）。詳しくは，次の 3.3 項で説明を加えます。

3.2.2 証券会社に対する規制

　取引参加者規程は，取引参加者の資格の取得・喪失，取引参加者の義務などについて定めます。取引参加者の義務には，不公正取引を防止するための売買管理体制の整備など取引の公正さを確保するためのものが多く見られます。また，取引参加者の処分等も定められていますが，これは金商法 87 条が取引参加者の法令等の遵守や違反した場合の制裁について定款に定めを置くことを求めていることに基づいています。証券取引所と一般投資者との間に契約関係はありませんが，取引参加者の証券会社と顧客である投資者との間では，証券取引所が定める**受託契約準則**に基づいて売買の受託に関する契約を締結することが求められています（133 条 1 項）。具体的には，売買契約の委託に当たり顧客は，売買の種類，銘柄，売付けまたは買付けの区別，数量，値段の限度，売付けまたは買付けを行う売買立会時，委託注文の有効期間などを指示することが求められています（東証受託 6 条）。顧客と取引参加者（証券会社）との間の売買契約の内容を定型化することで，事後に受託契約等に関連して無用な紛争が生じないようにしています。

3.2.3 売買審査

　市場取引の公正さに対する信頼性確保のため，証券取引所はインサイダー取引や相場操縦など不公正な取引が行われていないか恒常的にチェックをしており，これを**売買審査**といいます。この活動は，不公正取引を監視する証券取引等監視委員会の不正摘発を支援する側面を有しますが，違反を確認した場合には，取引所独自に上場会社や取引参加者に対して注意喚起などをすることで違法抑止に努めています。

図表6-8 ▶▶▶取引所の売買審査

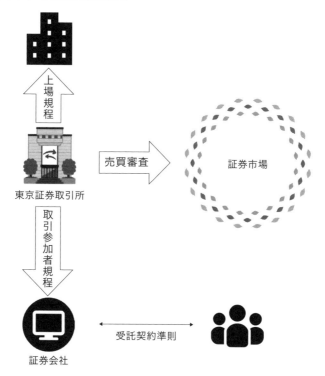

3.3 上場・上場廃止

3.3.1 上場規制

(1)上場規制の意義

　株式が上場されるということは，それが一般投資者の売買対象になることを意味します。市場を運営する証券取引所は，一般投資者の投資に適格なものを選別して上場を認める必要があり，適格性を失った銘柄は売買対象から取り除く必要があります。そのため，証券取引所は上場審査基準，上場廃止基準を設けて投資適格な銘柄だけを一般投資者の売買対象にする役割を果たしています。東証は，有価証券上場規程にこれを定めています。以下では自主規制の規律として，東証の有価証券上場規程の規定を中心に見ていきます。

(2)金商法上の定め

　証券取引所による株式の上場や上場廃止処分は，上場会社や投資者などの市場参加者に大きな影響を与えるものですが，その規律はもっぱら取引所の自主規制に委ねられています。金商法上は上場・上場廃止の決定をした証券取引所は，規制当局（財務局など）に対し，上場する銘柄，上場廃止する銘柄について届出をすれば足ります（121条・126条）。なにが投資対象として適格かという判断は，国が行うのではなく，市場の専門家が行うべきであるという考え方が背景にあります。

3.3.2 上　場

(1)上場契約

　上場とは上場する会社と証券取引所との間の「**上場契約**」に基づいてなされる行為です（上場規程203条）。具体的には，上場契約において，上場会社は上場廃止基準を含む上場規程等を遵守すること，上場廃止処分に従うことなどが求められています（上場規則別記第1－1様式参照）。証券取引所の側は開設する市場において当該会社の発行する株式を売買対象にする義務を負います。

(2)上場審査基準

上場審査基準は市場区分に応じて定められており，（上場時の見込みで）株主数，時価総額，流通株式数，事業継続年数などの形式要件が定められています（上場規程205条・211条など）。形式要件を満たしたものについて，内部統制の有効性や企業経営の健全性などの実質要件に基づいて審査がされることになっています（上場規程207条・213条など）。

上場審査基準の要件は，当該市場に上場している間は原則として継続的に満たす必要がありますが，これは**上場維持基準**と呼ばれています（上場規程501条）。

図表6-9 ▶▶▶取引所と上場企業の上場契約

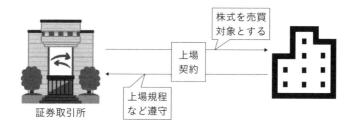

(3)なぜ会社は上場するのか

上場・上場廃止の規制に入る前に，会社はなぜ上場するのか確認しておきましょう。主たる理由は発行会社の資金調達です。発行開示規制でも見たように（⇒第2章），上場に当たり常に株式の募集・売出しが行われるわけではありませんが，上場前に公募増資を実施する会社は極めて多くあります。

上場の第2の理由は，株主にキャピタルゲインをもたらす，というものです。創業者経営者が会社の株式が上場される際に保有株式を売り出すことにより，出資した金額をはるかに上回る利益を手に入れることができます。同時に未上場の段階でも，上場することで大きな利益が期待される企業なら，ベンチャーキャピタルの出資を受けることもできます。

第3に自社株式を組織再編の対価として使うためです。たとえば，非上場

会社 P 社が上場会社 Q 社を株式交換により子会社化しようとしたとします。株式交換契約は原則的に両社の株主総会決議で承認される必要がありますが、流動性のある上場会社株式を有する Q 社株主が、非上場の P 株式を交付される株式交換契約に賛成することは期待できません。自社の株式を対価として使う組織再編を成功させたければ、自社の株式を上場しておく必要があるわけです。

最後に、上場することで役員や従業員のインセンティブを高める譲渡制限株式やストックオプションなどの業績連動型報酬を採用することができるという理由が挙げられます。

3.3.3 上場廃止

証券取引所に上場されていた株式が、当該取引所の売買対象とされなくなることを**上場廃止**といいます。上場廃止には、発行会社の申請に基づいてなされるもの（上場規程 606 条）、取引所が上場廃止基準（上場規程 601 条）に照らして上場廃止処分にするものとがあります。

証券取引所の定める**上場廃止基準**には、株主数、流通株式などの流動性に関して、各市場が定める上場維持基準に適合しない場合のほか、債務超過、有価証券報告書の虚偽記載、不適当な合併、上場契約違反など経営に関する基準が設けられており、これに抵触した場合には当該銘柄は一定の手続きを経て上場が廃止されます。上場廃止処分は上場会社およびその利害関係人に対する影響が大きいことから、取引所の処分が法的に争われることもあります。たとえば、発行会社が取引所に対して、事前に処分の差止請求や事後において損害賠償請求の訴えを提起することがあります（差止請求として、東京地決平成 18・7・7 判タ 1232 号 341 頁、東京高決平成 22・8・6 金法 1907 号 84 頁。損害賠償請求として、東京地判平成 24・9・24 判タ 1385 号 236 頁）。しかし、自主規制を行う取引所は広い裁量を与えられているため（⇒前掲 Column「市場規制と自主規制の区別」）、これまで発行会社の請求が認められたことはありません。

3.3.4 上場廃止に関連した制度

保有銘柄が上場廃止となれば市場での売買ができなくなり，投資者への影響は極めて大きいので，投資者保護の見地から監理銘柄・整理銘柄・特設注意市場銘柄などの制度が設けられています。

(1)監理銘柄

上場廃止基準に該当するおそれがある場合などに，その可能性を投資者に周知させるための制度です。上場廃止の確認・審査の継続中に**監理銘柄**に指定した上で売買を行わせるもので，解除されて通常の銘柄に戻るかあるいは上場廃止決定により整理銘柄となります。

(2)整理銘柄

上場廃止が決まった場合に，直ちに市場での取引を停止すると投資者の売買が著しく困難となるため，原則として１か月間**整理銘柄**に指定した後に上

図表 6-10 ▶▶▶上場審査・上場管理

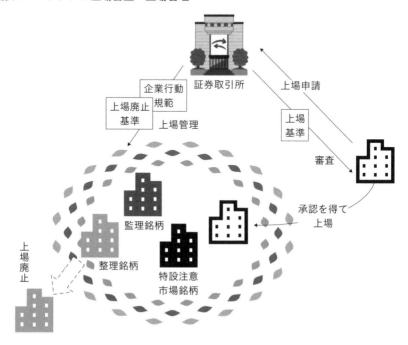

場廃止とする制度です。

(3)特設注意市場銘柄

　有価証券報告書等の虚偽記載や監査報告書等の不適正意見など，上場廃止基準に抵触するおそれがあるものの，上場廃止に至らないものについて内部管理体制等を改善する必要性が高いと取引所が判断した場合に，投資者に注意を喚起するために「**特設注意市場銘柄**」に指定します。銘柄指定の1年後に内部管理体制確認書を発行会社が提出し，取引所が改善を確認した場合には通常の銘柄に戻ります。そうでない場合には上場廃止となるか，さらに半年後までに再提出が求められ，それでも改善が図られなければ上場廃止となります。

3.3.5 上場管理

　上場会社の株式が投資対象としての適格性を失えば，上場廃止処分により市場から退出することになりますが，通常の上場株式についても，取引所は自市場に上場する会社が投資対象としての適格性を維持するために，**上場管理**業務を行っています。

　第2章で説明した発行会社に対する**適時開示**義務を定めているのは，その典型です。近年においては，「**企業行動規範**」といわれる自主規制が注目されています。企業行動規範とは，上場会社に求められる企業行動の原則として，東証が有価証券上場規程に定めているものです（上場規程432条〜452条）。上場会社として最低限守るべき事項を明示する「遵守すべき事項」と，上場会社に対する要請事項を明示し努力義務を課す「望まれる事項」により構成されており，「遵守すべき事項」に違反した場合には公表措置等が採られるなど，実効性の確保手段も備わっています。具体的内容は，第三者割当増資に係る遵守事項や大幅な株式分割などの制限，独立役員の確保，インサイダー取引の未然予防のための体制整備など多岐にわたっています。

Column 自主規制とコーポレート・ガバナンス

　証券取引所は以前から自主規制により上場会社のコーポレート・ガバナンスに関わってきました。たとえば，上場規程では監査役会等の機関の設置を必須と定めたり，会社法上の会計監査人と金商法の法定開示書類に監査証明をする公認会計士・監査法人とを一致させることを求めたりしてきました。さらに，証券取引所は金融庁とともに，2015（平成27）年に**コーポレートガバナンス・コード**を作成し，株主の権利・平等性の確保，株主以外のステークホルダーとの適切な協働，適切な情報開示と透明性の確保，取締役会等の責務，株主の対話，に関する指針が示されています。上場会社は遵守状況について「コーポレート・ガバナンスに関する報告書」の提出を求められ，各原則を遵守するのか，あるいは遵守しないとするとその理由を説明することが求められます。前年に金融庁において機関投資家を対象に作成されたスチュワードシップ・コードと並んで日本の上場会社の持続的な成長を促すことを目的とした試みです。

Working　　　　　　　　　　　　　　　　　　　　調べてみよう

　東証の市場再編の議論で，なぜ株価指数（TOPIX）が問題とされたのか，どのような形で見直されているのか調べましょう。

第 **7** 章 資産運用業などの規制

Learning Points

▶個別株の投資は，どの銘柄をどのタイミングで売買すべきかなど，個人投資家にとって難しい問題が多くあります。投資の専門家に助言してもらう，あるいは専門家に資金を委ねて運用してもらうという方法も考えられます。

▶専門家の能力を使うのであればそれに応じた手数料が必要になりますが，多くの人のお金を専門家に委ねて運用してもらえば1人当たりの負担は軽減できます。本章では，他人に資産運用を委ねる仕組みについて勉強します。

Key Words

投資助言業，投資信託，投資法人

1 専門家の能力活用と規制

1.1 規制の必要性

　株式投資をするには，専門的で技術的な情報を収集・分析する必要があります。また，平日に仕事をしている人たちはタイムリーに相場をチェックすることはできません。このように面倒なリスク投資は専門家に委ねて，メリットだけを享受できる方法があればよいと考える人は少なくないでしょう。

　選択肢としては，銘柄選択や売買のタイミングについて専門家から助言を得たり，専門家に運用自体を委ねたりする方法があります。この方法はそれなりの対価が必要になるので富裕層の利用が前提になるでしょう。投資信託のように多くの投資家から集めた資金を専門家が運用すれば，一般投資者であっても専門家の能力を利用することもできます。

　しかし，投資に関する助言や運用を有償で提供する行為を野放しにする

と，業者が報酬目的で一般投資者を食い物にしたり，顧客の資産が相場操縦などの違法行為に利用されたりする危険があります。利用者が不当に害されたり，市場の公正さが害されたりしないように，法律はかかる専門的なサービスの提供を行う者に規制を加えています。

1.2 投資顧問契約──投資助言業

投資家が専門家と契約を締結し，報酬支払と引き換えに投資の助言を得て投資判断に役立てるものを**投資顧問契約**といい（2条8項11号），投資顧問契約に基づき助言を行う行為を**投資助言業務**といいます（28条6項。なお，法律上は同条3項にあるように「投資助言業・代理業」となっていますが，本書では便宜上「投資助言業」で説明）。新聞や雑誌や書籍のように不特定多数の者を対象にしたもので，随時購入可能なものについては，その中で投資助言に関する記載がなされたとしても，投資助言行為には当たりません。また，無償で行われているものについても含まれません（もっとも行為態様によっては158条が禁止する風説の流布に該当する可能性があります）。

投資顧問契約を締結できる専門家は，**投資助言業者**といいます。投資助言

図表 7−1 ▶▶▶投資助言業務

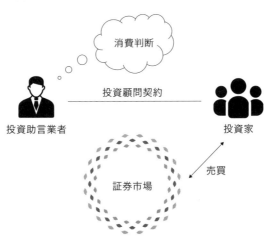

業者は登録制であり，一定の要件を満たして当局に登録することが認められた者でない限り，投資助言業業務を営むことはできません（29条以下参照）。

2023（令和5）年の金商法改正では，一般投資者が一定の金融商品を対象に適切なアドバイスを受けることができる環境を整備することを目的に，投資助言業の要件を緩和して**認定アドバイザー制度**が設けられることになりました。

Column ／ **投資助言業とファイナンシャルプランナー**

　報酬をもらい資産運用の助言をするといえば，ファイナンシャルプランナーを思いつくかもしれません。たしかに，ファイナンシャルプランナーは資産運用全般についてのアドバイスは可能ですが，投資助言業者として登録しないまま，個別の株式の売買などに関する投資助言行為を行うことは，違法になるので注意する必要があります。

1.3 ▶ 投資一任契約

　前述した投資顧問契約は，助言に基づき投資者自身が売買を行うものですが，投資権限も業者に委ねるものが**投資一任契約**です（2条8項12号ロ）。投資一任契約とは業者が投資家から投資判断の全部または一部を一任され，その投資判断に基づき投資を行うための権限を委託されることを内容とする契約のことです。このような業務は後述する投資信託の委託者などと同じく

図表 7－2 ▶ ▶ ▶ 投資一任契約

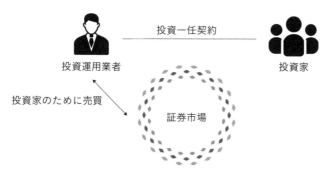

171

投資運用業とされています（28条4項1号）。投資顧問契約は投資助言業者であるのに対して，投資一任契約の場合の業者は投資運用業者とされています。

投資助言業者と同じく投資運用業者も，登録を受けることなく，事業を営むことはできません。

投資顧問契約と同様に投資一任契約も，従来は富裕層を対象としたものとされてきましたが，近年は多くの金融機関が幅広い層を対象として「ファンドラップ」の名称で，投資一任契約に基づく資産運用サービスを提供しています。

2 投資信託・投資法人

2.1 投資信託の諸類型

投資信託は，多くの投資者から資金を集めて資産運用に専門家の運用能力を活用するものです。投資顧問契約や投資一任契約のように，投資家が専門家を雇うのに比べると，投資者1人当たりの負担は格段に軽くなります。同時に個々の投資者は小口の資金で分散投資によるリスク低減を図ることが可能になります。

やや細かなコトバの話になりますが，俗に「投資信託」と呼ばれるものには，契約型と会社型の2種類があるといわれたりします。しかし，仕組み上「信託」を使うのは契約型に限られるので，法律上厳密に言うなら，投資信託とは契約型のみを指し（投信法2条3項），本書では会社型投信といわれるものは信託ではなく投資法人と呼ぶこととして両者を区別しておきます。

また，投資信託には委託者指図型投資信託と非指図型投資信託という2種類のものが法律上定められていますが，後者の形を取るものは2023年時点で私募投信が1本存在するだけです（投資信託協会HPの統計資料参照）。投資信託のほとんどが，委託者指図型投資信託であるため，本書で投資信託

という場合，委託者指図型投信を指します。また，ここでは有価証券を対象に運用する証券投資信託（投信法2条4項）のみを扱います。

2.2 投資信託の仕組み

投資法人の仕組みは下の**図表7-3**のとおりで，投資者の資金はプール（信託財産）されて投資運用会社が運用することになります（28条4項2号，2条8項14号）。

以下では，第1章で説明したのとは別の登場人物とその役割について説明しておきます。

図表7-3 ▶▶▶投資信託の概要

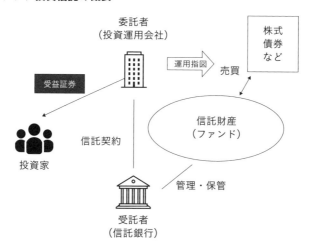

(1)委託者（投資運用会社）

投資信託を運用するのは「委託者」ですが，委託者になれるのは，証券業者として登録を受けた投資運用業者になります（投信法2条11項）。本書では便宜上，資産運用会社と呼ぶことにします。

(2)受益証券

受益証券

投資信託の投資者が委託者（投資運用会社）に発行してもらう証券であり（投信法2条7項），信託財産の成果を享受する権利を表示するものです。株式と同じく受益証券も有価証券とされます。

(3)受託者（信託銀行）

後述する投資法人の場合も含めて投資信託においては，投資者の財産は信託契約の委託者である資産運用会社ではなく，受託者である信託銀行に委ねることが求められています（投信法3条）。

なぜこのようなことが求められているのでしょう。投資者の信託財産が資産運用会社の元にあった場合に，万一資産運用会社が倒産したりすれば，投資者の財産が資産運用会社の債権者の満足に充てられる危険があるからです。やや難しい言葉を使うと，投資者保護のために信託の「倒産隔離機能」を利用しているといえます。

2.3　投資法人

投資信託が信託という契約関係を組み入れているのに対して，資産運用のための法人を設立して投資者の資産を合同して運用する形をとるのが投資法人です。一般に馴染みのある投資法人で利用も多いのが不動産投資法人（REIT）なので，それを前提に以下説明をします。

(1)投資法人

投資法人

投資法人とは，投資者から資金を集め，有価証券や不動産などの資産に投資・運用することを目的に設立される法人のことです（投信法2条12項）。後述するように，ガバナンスは株式会社に類似していますが，投資のためのハコといってよく，重要な事業の多くは資産運用会社などに委託されているのが大きな違いといえます。

(2)資産運用会社

不動産REITの運用は投資法人が行うわけではありません。むしろ，投資法人自身が資産運用をすることは原則として禁じられ，資

図表 7 - 4 ▶▶▶ 不動産投資法人

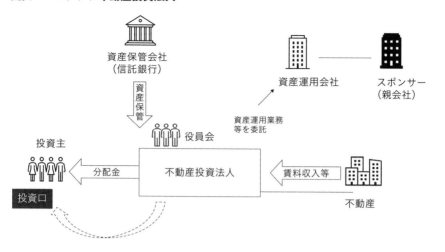

産運用会社に委ねることが求められています（投信法198条1項）。資産運用会社になることができるのは投資運用業者に限られます（投信法2条11項）。実際に資産運用を決めるのは「スポンサー」と呼ばれる資産運用会社の親会社であることが多いです。

⑶**投資口**

　投資法人の社員の地位をいうもので（投信法2条14項），株式会社の株式に相当します。証券市場に上場され，上場株式と同じように売買されるので，譲渡性が認められています（投信法78条1項）。投資主の地位を表すのが「投資証券」で（投信法2条15項），株式会社の「株券」に相当しますが，上場会社の株券と同様に上場投資証券は電子化されており実際に証券が交付されるわけではありません。

⑷**投資主**

　投資法人における投資主は，配当を受けたり投資主総会で議決権を行使したりするなど，株式会社の株主とほぼ同じ権利を有します（投信法77条）。投資主で構成される投資主総会で役員選任等を行います。

⑸資産保管会社（信託銀行）

投資信託と同じく，資産保管会社＝信託銀行に資産を保管することが義務付けられ（投信法208条），顧客の資産を分別保管することが求められています（投信法209条の2）。

2.4 投資信託と投資法人の比較検討

投資信託と投資法人の仕組みは以上のとおりです。双方を比較しながら，もう少し詳しく見ておくことにしましょう。

2.4.1 流動性

まず流動性，つまり受益証券・投資口の売買のし易さについてです。上場されているETFのような投信を別として，一般の投資信託の場合は，当日の取引が終わった後に新聞紙上などで公表される「基準価額」で売買されます。基準価額は投資信託の純資産額をベースに計算されます。投資者が売買する時にその価額は明らかにされないので，上場会社のように自ら選んだタイミングや価額で売買できるわけではありません。

これに対して，不動産投資法人のREITは上場されているので，株式と同じように売買することが可能です。

Column　ETF

近年手数料が低く人気のある投信がETF（exchange traded fund）です。ETFはその名のとおり取引所で売買される上場銘柄です。日経225やTOPIXのような指数連動型のものが一般的ですが，近年はアクティブ運用型など多様な商品が現れています。

2.4.2 分配金

つぎに分配金についてです。投資信託の分配金はその額も支払われる頻度も様々です。これに対して，不動産投資法人は，同じ利益であれば投資信託

よりも概して分配金が大きくなります。その理由は，税法により一定の条件を満たす投資法人は，分配可能利益の9割を超える額を分配金として投資主に支払うと，その分配金に相当する額を経費として計上することが認められているため，分配金が高くなる傾向があるからです（租税特別措置法67条の15）。多くの投資法人の規約では，金銭の分配の方針として配当可能利益の9割を超えて分配する旨が定められています。

2.4.3 ガバナンス

最後に，ガバナンスに関する違いについて説明します。一般の投資信託は投資運用会社（委託者）と信託銀行（受託者）との間の信託契約に基づき，信託財産は運用され管理されます。これに対して投資法人の投資者である投資主は，投資法人の運営に一定程度関わることができます。

投資法人の投資主は，株式会社の株主と同じように投資主総会で投資法人の役員を選任することができます。具体的には執行役員，監督役員，会計監査人を投資主総会で選任することになります（投信法96条1項）。これら役員を解任するのも投資主総会です（投信法104条1項）。

投資主総会の決議事項の主要なものはこの役員の選任ですが，役員の任期は原則として監督役員は4年（投信法101条1項），執行役員については2年（投信法99条1項）とされています。そのため，2年に1度は執行役員を選任するために，投資主総会が開催されることになります（逆にいうと株主総会のように定時株主総会が毎年開催されるわけではありません）。

Column　**みなし賛成制度**

投資主総会と株主総会の大きな違いとして，「みなし賛成制度」（投信法93条）というものがあります。株主総会の決議では，議決権を行使しない株主は棄権したものとして扱われ，決議要件の母数にカウントされません。これに対して，投資主総会では規約に定めを置けば，議決権を行使しない投資主の票は賛成票とみなすことができます。投資法人の投資主がリターンを重視するために議決権行使を積極的に行わない傾向があることに対応した制度だと説明されています。

投資法人とインサイダー取引規制

　投資信託と異なり投資法人の投資口の売買は，インサイダー取引規制の適用対象となっています（166条1項2号の2）。この場合，投資法人の役職員に加えて資産運用者やその親会社（スポンサー）がインサイダー（会社関係者）に該当する点は，投資法人のガバナンスを知る上で示唆的です。投資法人は単なる資産運用の道具でしかなく，実際の資産運用の方針の決定など重要事項は，資産運用者やスポンサーが行っていることを意味するからです。

Working　　　　　　　　　　　　　　　　　　　　　　調 べ て み よ う

　低いコストで利用可能な投資一任契約の形態として，近年使われているファンドラップは投資信託とどう異なるのか，調べてみましょう。

Discussion　　　　　　　　　　　　　　　　　　　　　議 論 し よ う

1.　専門家に資産運用を委ねる場合には，手数料などのコストが必要となります。投資信託のような仕組みを使うに当たっても様々な手数料が投資者の負担になっています。必要なコスト負担も考えると，結局のところ投資信託は投資者にとって大きなメリットがあるといえるのか，考えてみましょう。

2.　投資法人はそれ自体としては，ハコであり資産運用業務など重要な決定は資産運用会社やスポンサーに委ねられています。単なるハコであるにもかかわらず，上場している投資法人の支配権争いは行われることがありますが，それはなぜなのか，考えてみましょう。

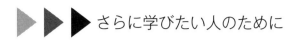 さらに学びたい人のために

　本書は金商法を学び始めた方々を念頭に置いているので，さらに勉強を進めたい場合は入門書以外の基本書で勉強することをお勧めします。なお，入門書については，本書とは毛色の違ったものとして，以下のものを1点だけ挙げておきます。

　　川口恭弘『金融商品取引法への誘い』（有斐閣　2018）

　金商法については，改正が頻繁に行われますので，定期的に改訂して最新のものにしていく必要があります。内容的に優れた教科書であっても，長期にわたり改訂が行われないために，ここに掲載していないものもあります。

　一般の教科書は多く出ていますが，代表的なものとして以下の2つがあります。

　　松尾直彦『金融商品取引法［第7版］』（商事法務　2023）
　　黒沼悦郎『金融商品取引法［第2版］』（有斐閣　2020）

　上記2冊はいずれも高額で頻繁に買い替えるのは難しいという方には，価格がリーズナブルで最新の基本書として以下のものをお勧めします。

　　飯田秀総『金融商品取引法』（新世社　2023）

索　引

英数

あ

か

な

は

ま

▶著者紹介 ─────────────────────────────

梅本　剛正（うめもと　よしまさ）

1962 年 大阪市生まれ

1996 年 京都大学大学院法学研究科博士課程単位取得退学

現在，甲南大学全学共通教育センター教授

主要業績：『現代の証券市場と規制』（商事法務，2005 年），「ストックオプションとインサイダー取引規制」証券経済研究 83 号（2013 年），「空売り規制等の市場規制」ジュリスト 1412 号（2010 年），「インサイダー取引規制の再構築」森本滋先生還暦記念『企業法の課題と展望』（商事法務，2009 年）

ブログ

金商法についてあれこれと

http://securities-reg.seesaa.net/

金融商品取引法

2024年4月25日　第1版第1刷発行

著　者	梅　本　剛　正
発行者	山　本　　　継
発行所	㈱中　央　経　済　社
発売元	㈱中央経済グループ パ ブ リ ッ シ ン グ

〒101-0051　東京都千代田区神田神保町1-35
電　話　03 (3293) 3371 (編集代表)
　　　　　03 (3293) 3381 (営業代表)
https://www.chuokeizai.co.jp
印刷／文 唱 堂 印 刷 ㈱
製本／誠 　製 　本 　㈱

©2024
Printed in Japan